事例に学ぶ
貸出の基本を教えるOJTの勘所

― 対話形式で学ぶ"判断・事務・管理"の63シーン ―

吉田重雄 [著]

一般社団法人 金融財政事情研究会

はじめに

　銀行がもっている最も重要な資産は人材です。しかし、銀行はバランスシートに人材の大きさや価値を数字で示すことはできません。バランスシートに載る数字としての資産は、銀行がこの人材を資産として活かした結果といえます。言い換えるならば、人材を資源として管理し育成することが銀行の競争力の源泉になります。人材育成こそが銀行の競争力の強化につながるのです。したがって、銀行は優れた人材を育てることに真剣に取り組まなければいけません。

　しかし、多くの銀行経営者は中長期的に人材を育成することより、短期的目標としての収益確保や数値目標を達成することに関心が強いようです。その結果、多くの銀行員は、本質的な貸出業務を通して得る仕事のやりがいや使命感より、組織において自己評価を受けるための行動を上手に行うことのほうに関心が高くなり、信念なきサラリーマン的な生き方をしている人が多いように思います。

　昨今、銀行において貸出業務のプロフェッショナルといわれるベテランが少なくなっているように感じます。貸出業務のプロフェッショナルといわれる人は、「必要な専門知識を身につけ」「真に取引先の事業経営のためになることを考え」「道徳的倫理的に正しい考え方をもち誠実な対応を行う」の3点を備えていなければなりません。数的目標を達成できる人が貸出業務のプロフェッショナルというわけではありません。ところが、現在の成果主義のもとでは、「必要知識は未熟」「取引先のことより自分の評価・保身を優先して考え」「数字に寄与する方法と利己的な行動」であっても、数的実績をあげ、目標達成率で相対的に勝てば優秀と評価されるようです。

　筆者は、平成19年以来、一般社団法人金融財政事情研究会から貸出業務に関する著作5冊を著し、延べ130回以上にわたり全国の金融機関等で貸出業務に係る研修講師を務めてまいりました。

平成23年に著した『貸出業務の王道』では、目標数字の達成率で競う成果主義のもとで行われている貸出業務の実態を憂いました。そして、表向きは「顧客第一」「顧客満足」というスローガンを唱えながらも、その実態は「銀行（自分）第一」「銀行（自己）満足」のために数字目的に走っている姿は、真っ当な貸出業務とは言えず、そのような行動を続けていると、銀行は取引先や経済社会から信用と信頼を失うことになりかねないという警鐘を鳴らしました。

　平成24年に著した『貸出業務の信質』では、貸出担当者の業務知識レベルが低下している実態と、収益至上主義のために行われている「恥ずかしい行為」（同書第4章）を採り上げ、疑問を呈しました。また、貸出判断力や債権管理に対する意識が十分とはいえない事実も指摘し、「信質」という筆者の造語をもって、貸出業務の原点に回帰することが重要であると述べました。

　貸出業務を遂行するうえで必要な基礎的知識を十分に有していない者であっても、即戦力として目標をもたせて競わせ、数的成果を求める経営は正しいでしょうか。貸出先に対して信頼・信用という質的満足度を与えることより、数値目標を達成することで得られる量的満足度のほうが経営者にとって大事なのでしょうか。あるいは、銀行として取引先の事業経営に資するべきことを考える役割より、銀行内の評価尺度のもとで数的目標達成に向けて担当者を競わせることのほうが、経営的関心が高いのでしょうか。このような経営を十年一日のごとく繰り返している銀行に、貸出先から真に信頼される貸出担当者は生まれてきません。

　現在多くの銀行は、貸出業務に関する必要な知識を備え、正しい考え方に基づき、誠実な応対を行い、真に取引先の事業経営に資する貸出業務を行うことができる人材を必要としています。

　銀行のHPを見ると、中期計画等において「人材育成」が経営課題として掲げられ、なかんずく、「貸出担当者の育成」は、どの銀行においても焦眉の急となっている様子がうかがえます。「貸出担当者の育成」が大きな経営課題になっている事情として、自行内において貸出業務に関する教育指導体

制が十分に機能していないという背景が考えられます。それは、自行内に真っ当な貸出業務について教えることができる人材が少ないことに原因があると思います。

　銀行において若手行員に対する教育指導を担う年齢層の人たちについて見るとき、50歳以上の経営層・支店長が若い頃に経験した貸出業務は、結果的に多額の不良債権をつくってしまったバブル期の貸出業務でした。40歳以上の人たちが今日まで経験した約20年間の貸出業務は、不良債権の処理や、間接金融の環境変化により資金需要が低迷するなか、金利引下げによる貸出競争であったといえます。現役の「バブルを知らない銀行員」は、貸出判断における審査・判断の基礎を学ぶことより、成果主義・目標管理制度のもと、勝ち負けや数字競争で評価されてきたことで、貸出業務に関する正しい知識や真っ当な考え方を教わることなく育ってきたのかもしれません。

　筆者は、貸出担当者は、現場におけるOJTによって育てることが基本であると考えます。多数の新人・若手を指導育成するとき、基礎知識の習得は集合教育（OFF-JT）で行うにしても、銀行員としての社会人教育・実務経験等は上司・先輩による相対を原則としたOJT（実施訓練）のほうが個々人にあう指導ができ、より効果的です。OJTは、新人にとっては個人教授を受ける感覚であり、指導する側もあらためて自分が学ぶ機会となり、同時に管理者としての自覚につながる一面もあります。

　管理者としてOJTにより部下の育成・指導を行うことは、支店戦力の増強を図ることであり、後継者を育てることであり、明日の銀行を担う人材をつくることであり、それは組織づくりとして将来を見据えた仕事であるといえます。さらに言えば、そのようにして行われる現場OJTは、貸出業務に関する考え方を銀行の企業文化として伝承することであり、人材育成の体系化にもつながります。

　筆者が現役支店長時代に行った貸出業務に関するOJT教育は大きな成果を収めました。そのことからもOJTの効果には自信と確信をもっています。筆者が具体的に行ったことは、担当者の貸出案件ごとに判断のポイントと考え

方を赤ペンで書込み指示し、レスポンスの内容についても対話して細かく指導しました。あわせて、貸出業務に携わる全員を対象にした店内勉強会を1年間継続して行い、貸出業務の基本を教えました。

　筆者が研修講師として現場OJTの重要性について話すとき、多くの支店長や管理職者から、「教育も大事であるが、目標達成のほうがより重要であり、そちらを優先させる」「OJTが大事であることはわかっているが、忙しくて指導する時間的余裕はない」という話を聞きます。支店内において業績推進を図るための会議は何度も開くのに、勉強会になると1週間に30分程度の時間もとれないのでしょうか。このようなことでは、OJTの成果が表れていないという以前に、OJTが行われていないのが実態であるように思えます。

　多くの銀行におけるOJTの実態は、役員がOJTの重要性を説いても、具体的方法や目標を明示しないあいまいな指示のため、結局は現場任せのほったらかし状態ではないでしょうか。その結果、新人が立派に育つか、育たないかは、新人本人の資質と努力次第で、どのように育つかは"運任せ"になっているのが実情かと思います。

　上述のとおり、貸出担当者の育成は現場におけるOJTの実践なくして成果をあげることはできません。そこで筆者は、貸出業務に関するOJTの入門書をつくることで、貸出担当者育成の一助になればと思った次第です。

　本書は、支店長・管理職者が現場において部下・後輩を指導育成する際に利用するOJT用参考書（虎の巻）としてつくりました。また、貸出業務に携わることになった若手行員が「この1冊を読めば貸出業務の基本がわかる」という基礎的な解説書としても使うことができるように工夫しました。本書では、現場で想定される場面における支店長と担当者の会話を通し、課題を浮き彫りにし、その課題に対する考え方や必要知識の解説を加えるかたちの構成にしました。採り上げたテーマは、基本的な考え方や心構えから、貸出業務に必要な基礎知識、事例で学ぶ実践的判断まで幅広くあります。

　ただし、一人前の貸出担当者に育ってもらうためには、この本の内容で満

足してはいけません。次のステップに進み、より専門的な内容をマスターしてもらうためには、財務分析・法律等の専門図書を手に取り、自己啓発により学ぶ努力が必要になります。

　本書は、支店長・管理職者が若手を貸出業務担当者として教育指導、育成するに際し、OJTで教えるべき必要最低限のことについて、多面的かつ平易に解説し、コンパクトにまとめた入門書です。できるだけ実務に役立つかたちで、現実的な場面を想定して、わかりやすく解説するよう努めましたが、内容についてはいまだ意あって言足りずの箇所もあるかと思います。もちろん、筆者の考え方と相容れない内容であったり、自行の政策・ポリシーと異なる内容の記述である場合は、本書にとらわれず、OJTを行う責任者として自らの考え方を伝授することで問題はありません。そして、読者の方々のご叱正とアドバイスを得て、本書をより優れたものに発展させることができるならば、筆者として望外の幸せであります。

平成25年8月

吉田　重雄

目　次

プロローグ
支店長研修の一場面―OJT教育の重要性と必要性―

1．支店長の悩みは貸出業務担当者の人材が育っていないこと……………… 2
2．貸出担当者は研修に参加させているだけでよいか ………………………… 3
3．銀行の財産は「人」であり、支店で「人」を育てる……………………… 5
4．忙しくて、人材育成に割く時間的余裕はないし、そんな給与ももらっていない ………………………………………………………………………… 6
5．あなたの支店は毎期連続して目標を達成していますか…………………… 8
6．支店長が先頭に立って勉強会を行う………………………………………… 11
7．最近の新人は何を考えているのかわからない……………………………… 14

第 1 章
貸出担当者に教えるべき基本的考え方

第 1 節　貸出業務の本質……………………………………………………………20
　　1　貸出金の原資と貸出業務の意味を考える………………〈場面 1 〉…20
　　2　貸出金の回収なくして利益なし…………………………〈場面 2 〉…26
　　3　担保があるから貸すという発想…………………………〈場面 3 〉…31
　　4　真に貸出先の事業経営のために資するか………………〈場面 4 〉…36
第 2 節　貸出業務におけるコンプライアンス意識………………………………42
　　1　銀行法の法理を知る………………………………………〈場面 5 〉…42
　　2　法律に違反していなければ………………………………〈場面 6 〉…47
　　3　与信規程と事務マニュアル………………………………〈場面 7 〉…53
第 3 節　貸出業務の基本原則………………………………………………………60

	1	貸出業務の要諦は債権保全………………………………〈場面8〉…60
	2	安全性・収益性・成長性・公共性の原則………………〈場面9〉…65
	3	反社会的勢力と公序良俗に抵触する貸出は回避………〈場面10〉…69

第4節　貸出担当者の心構え……………………………………………74
 1　健全な懐疑心をもって自ら考える………………………〈場面11〉…74
 2　「清濁併せ呑む」ことはしない …………………………〈場面12〉…77
 3　取引先情報は守秘義務の対象となる……………〈場面13-1、13-2〉…82
 4　常に自己啓発を行う………………………………………〈場面14〉…85

第 2 章
貸出業務の基礎知識

第1節　銀行取引約定書……………………………………………………90
 1　銀行取引約定書は貸出取引の基本約定書………………〈場面15〉…91
 2　銀行取引約定書の条項は削除・訂正できるか…………〈場面16〉…93
 3　主要条項の説明……………………………………………………97

第2節　貸出取引の種類……………………………………………………99
 1　貸出取引は手形割引から …………………………………〈場面17〉…100
 2　手形貸付における債権保全意識 …………………………〈場面18〉…104
 3　当座貸越は安易に許容しない ……………………………〈場面19〉…106
 4　証書貸付実行後に貸出金の流用が発覚 …………………〈場面20〉…110

第3節　担　保………………………………………………………………114
 1　不動産担保の徴求 …………………………………………〈場面21〉…115
 2　不動産担保以外の担保の徴求 ……………………………〈場面22〉…118

第4節　保　証………………………………………………………………123
 1　改正民法による根保証 ……………………………………〈場面23〉…123
 2　保証意思の確認 ……………………………………………〈場面24〉…126
 3　信用保証協会の保証に頼る人（その1）…………………〈場面25〉…130

	4 信用保証協会の保証に頼る人（その2）	〈場面26〉	133
第5節	貸出金利		138
	1 貸出金利の引上げ	〈場面27〉	138
	2 貸出金利の引下げ	〈場面28〉	142

第 3 章

取引先を知る

第1節	取引先要項の記載事項を理解する		148
第2節	過去における主要な取引経緯について知る	〈場面29〉	155
第3節	経営者に関する情報について	〈場面30〉	159
第4節	事業内容を知る		163
	1 取り扱っている製品・商品を知る	〈場面31〉	163
	2 売上構成を知る	〈場面32〉	166
	3 価格動向を知る	〈場面33〉	168
	4 業界の現状と将来をみる	〈場面34〉	170
第5節	現地・現場に行き、現実を見る	〈場面35〉	174
第6節	業績動向を知る		180
	1 決算書ができあがるのを待つ担当者	〈場面36〉	180
	2 決算分析はコンピュータ任せ	〈場面37〉	181

第 4 章

借入申出の検証と貸出判断

第1節	貸出判断を行う前に		188
	1 信用調査会社の調査レポート	〈場面38〉	188
	2 人・モノ・金を有機的に見る	〈場面39〉	191
	3 信頼できる経営者か	〈場面40〉	194

4	真っ当な事業（正業）か …………………………………	〈場面41〉	197
5	初めに「貸したい」という結論ありき …………………	〈場面42〉	199
6	申出内容を鵜呑みにしない ………………………………	〈場面43〉	202

第2節　財務分析 …………………………………………………………………206
1　貸借対照表を読む ………………………………………〈場面44〉…206
2　損益計算書を読む ………………………………………〈場面45〉…210

第3節　資金使途の検証 …………………………………………………………214
1　経常運転資金の継続（手形貸付の場合） ……………〈場面46〉…215
2　折返貸出（経常運転資金貸出を証貸対応している場合）…〈場面47〉…218
3　増加運転資金の発生原因 ………………………………〈場面48〉…222
4　決算賞与資金は必ず前年の支払実績を確認する ……〈場面49〉…226
5　それは季節資金か ………………………………………〈場面50〉…228
6　工事立替資金は個別管理をしっかり行う ……………〈場面51〉…231
7　他行肩代りの落とし穴 …………………………………〈場面52〉…235
8　設備資金の借入計画のチェック ………………………〈場面53〉…238

第4節　貸出判断のポイント ……………………………………………………242
1　クレジットポリシーの遵守 ……………………………〈場面54〉…242
2　債務償還能力を見る ……………………………………〈場面55〉…245

第 5 章

事務管理と債権管理の重要性

第1節　事務管理 …………………………………………………………………248
1　標準手続（マニュアル）の遵守 ………………………〈場面56〉…249
2　現物管理 …………………………………………………〈場面57〉…252
3　期日管理 …………………………………………………〈場面58〉…255

第2節　債権管理 …………………………………………………………………258
1　貸出実行後の資金使途チェック ………………………〈場面59〉…259

2	月商ヒアリングが重要 ……………………………………	〈場面60〉	…262
3	金融機関取引推移一覧表で他行動向をつかむ …………	〈場面61〉	…265
4	他行被肩代り ……………………………………………………	〈場面62〉	…268
5	訪問頻度の管理 ………………………………………………	〈場面63〉	…272

あとがき ……………………………………………………………………276

プロローグ

支店長研修の一場面
― OJT教育の重要性と必要性 ―

支店長を対象に「貸出担当者の育成」をテーマにして行った研修の場面です。

1．支店長の悩みは貸出業務担当者の人材が育っていないこと

> 講　師：支店で貸出業務を遂行するとき、いちばん悩んでいることは何ですか。
> 支店長：若手が育っていないことです。
> 講　師：若手が育っていない理由はどこにあるのですか。それは、支店長自らがOJT教育を実践しているにもかかわらず成果が表れていないということですか。それとも、そもそもOJT教育は行っていないからですか。
> 支店長：OJT教育はやっていますよ！
> 講　師：どのようなOJT教育を行っているのですか。
> 支店長：若手に担当させている貸出先を私（支店長）が訪問するときは必ず同行させ、貸出先とのやりとり（折衝・交渉）を傍で見聞きさせたり、彼らからの質問にはちゃんと答えていますよ。
> 講　師：貸出先訪問時に若手担当者を同行させたり、彼らからの質問に答えることは上司として当たり前のことで、それで「OJT教育をやっている」と自慢されては困ります。

　OJTとは、On the Job Trainingの略で、現場における仕事遂行を通して、仕事を覚えさせて訓練することです。部下からの質問に単発的に答えること、取引先への訪問に際して同行させることだけでOJTを行っているとはいえません。また、いざというときにフォローしてあげることでOJTを行っているとはいえません。

　OJTとは、人を育て、明日のチーム力を高め、戦力アップを図るという意味もあります。そのために、支店長や管理職者、先輩たちが、若手で経験の

浅い者に対して、貸出業務を早く一人前にできるように、計画的かつ継続的に教育指導することが求められています。銀行が発展し、競争力を高め、経済社会から信頼力を得る源泉は人材育成力にあるということを支店長・管理職者は共通認識しなければいけません。人材育成が業績向上の一手段であると認識することが必要です。

OJTを実質的に行っていないにもかかわらず、期末ごとに「OJTの計画と実績」という類のフォーマットに、形式的に実績らしきことを作文し、人事部宛てに報告すれば事足りるという意識では人は育ちません。

２．貸出担当者は研修に参加させているだけでよいか

支店長：当行では研修グループが貸出担当者の育成プログラムを組んでいるので、研修には必ず参加させています。
講　師：具体的にはどのような研修体系になっていますか。
支店長：入行1年目の新人研修は貸出業務の概要について、2年目から全員に銀行協会の通信教育を受けさせ、そして入行3年目に行内で「貸出業務初級」の集合研修を受けさせます。
講　師：支店では何を教えているのですか。
支店長：特に決まったことをやっているわけではありません。
講　師：本部から、OJTを実践して若手を指導育成するようにという指示は来ないのですか。
支店長：支店長会議で役員からOJTの話はありますが、具体的な目標が来るわけではないですから。
講　師：具体的な目標としての指示がないとOJTはやらないのですか。
支店長：数的実績は業績考課や人事評価に結びつきますが、人材育成をしたところで評価されるわけでもないし、ボーナスが増えるわけでもありません。ですから、OJTに力を入れてはいません。

銀行において人を育てるところは研修所ではありません。研修グループが人を育てる責任と役目を担っていると考えるのは間違いです。数日間の集合研修に行かせ、帰ってきたら成長していたということはありません。

　銀行において人を育てる場所は現場です。現場におけるOJTで人を育てるのです。支店長、管理職者は、若手や新人に対し、実際の貸出業務を通して、必要となる基礎知識や正しい考え方、取組姿勢等を教え、組織の一員として成長させ、戦力化し、貸出業務を行うことで得る喜びや達成感を経験させながら、人材育成を図ることが求められています。現場で起きる日々のさまざまな場面においてOJTによる適切な指導を行い、また計画的・継続的なOJTプログラム教育を行うことで若手・新人を育成するのです。もちろん、人が成長する基本は自己啓発にありますが、それに経験を加え、上司・先輩の手本を見せることが必要です。

　筆者は、拙著『貸出担当者育成の勘所』（金融財政事情研究会・平成21年）で次のように書きました。

　「銀行ではメーカーが商品をつくるように「人をつくる」ことはできません。銀行は人という財を、メーカーのように大量生産することも、均一の品質管理のもとで「つくる」ことはできません。研修所は工場ではありません。いうなれば、銀行における人材育成は、受注生産による一品ごとの手づくりと同じです。高級品に仕上がるか、粗悪品にできあがるかは、素材の質にも影響されますが、受注生産を任される現場の対応次第です。

　銀行で人をつくる場所は各現場である支店です。第一線で仕事に従事させながら育てることが基本です」（同書P224）

　「貸出担当者は、支店という現場で、実際に貸出業務に就き、日々の実務を通して成長していくのです。一朝一夕に育つものではありません。

　各支店に配属された新人を貸出担当者に育てることができないようでは、品質管理ができないメーカーと同じです。信頼されない工場と同じように信頼できない支店・管理職ということになります」（同書P225）

3．銀行の財産は「人」であり、支店で「人」を育てる

> 講　師：メーカーの財産は生産力・技術力・商品開発力とともに、商品・製品の品質にあるといわれますが、銀行の財産は何ですか。
>
> 支店長：それは「人」です。
>
> 講　師：その「人」を一人前の銀行員に育てる役目はだれですか。
>
> 支店長：それは……、人事部でしょう。採用した責任もあるし……。
>
> 講　師：翻って考えてみてください。今日のあなた（支店長）があるのは、だれによって育てられたのですか。人事部ですか。
>
> 支店長：それは……、自分で勉強し、上司・先輩につど教えてもらいながら育ったかも……。上司や先輩にいろいろと怒られ、またわからないことは質問し、教えてもらい、育ちました。
>
> 講　師：要するに、支店で実際に取引先を担当し、貸出業務に就きながら、実務を通して、わからないことや新しいことを教えてもらいながら育てられたという認識ですよね。
> 　　　　あなたが支店長になったいま、支店経営の責任者として、若手の部下を育てる責任は自分にあるとは思いませんか。

　支店に配属された新人を育てる責任者は支店長です。また、直接の上司・先輩たちも、部下・後輩を指導し教育する責務があります。自分たちが新人だった頃を思い出して、いまは自分が教える立場になったという自覚と責任感をもってください。

　支店長が支店において人材育成を図る意味は、業務に必要な知識を教えることだけではありません。時代が速いスピードで移り変わるなか、銀行の経営も若い人たちにバトンタッチしなければいけない時期が必ず来ます。若い人たちが新しい時代に生きて、新しい時代における銀行経営を担っていくために、彼らの能力を引き出し活かすことが重要なポイントになります。自分たちが生きてきた過去の古い時代で学んできたことに固執し、自分と同じよ

うなコピー人間をつくることがOJTの目的ではありません。

　銀行員としての滑り出しの時期において、どのような教育を行えばよいかは、家庭において自分の子どもをどのように教育してきたかということを思い出せばわかると思います。

　新しい時代に適応し活躍できるような人材に育てることが大事です。どのような時代が来るか不透明であっても、どんな時代が来ても必ず通用することは、「信用と信頼を得ること」「論理的な思考と正しい行為」「誠実さ」などではないでしょうか。それを現場の仕事を通して教えるのは、親と同じ立場にある支店長の役割です。

　人に教えることほど自らの勉強になることはありません。同じように、人の成長に手を貸すことなくして、自らが成長することはありえません。支店長というポストに就いたいまでも、自らに対する要求水準が上がるのは、部下の成長に自ら手を貸すときであるということを知るべきです。

4．忙しくて、人材育成に割く時間的余裕はないし、そんな給与ももらっていない

支店長：現場で若手を育てなくてはいけないと思っています。しかし現場の実態は、正直言って若手育成に時間を割くほどの余裕はないのです。忙しいなか、業績を上げることが最大の使命です。若手を育てたからといっても表彰や評価は得られません。

講　師：OJTは具体的目標が示されないからやらないのですか。

支店長：もちろん、やらなければいけないと思っていますよ。時間があればやります。しかし、現実問題として、役員・本部から業績を伸ばせとはっぱをかけられ、業績の結果で評価され、賞与が決まります。人材の育成はやってもやらなくても同じです。OJTの結果は数字に表れないし、役員の関心も業績にあります。

　　　　若手には研修に行かせ、通信教育を受講させますが、後は自分

> で勉強して、伸びる人は伸びるし、伸びない人は仕方ないと思います。
> 講　師：銀行の将来を担う若手教育について、本人任せでいいのでしょうか。
> 支店長：重要性はわかっていますが、それを行う時間がなく、それに見合うそのための給与はもらっていませんよ。
> 講　師：OJTは、支店長・管理職者の本来業務です。給料・役付手当のなかには、部下の教育指導を行う責任分が含まれていると考えなければいけません。

　銀行の財産は、人であることに間違いはありません。新入行員は、まさにこれからの素材であります。その素材を磨き、活かし指導教育をすることによって、新人は銀行の戦力となり、本当の意味の人材（＝人財）となります。しかし、指導育成を怠ると、人件費だけかかってだいるだけの存在（人在）になってしまいます。また、誤った育て方を行い、間違った教育を行うと銀行の信用を落とす存在（人罪）になる人も出てきます。これをバランスシートに表すと次のようになります。

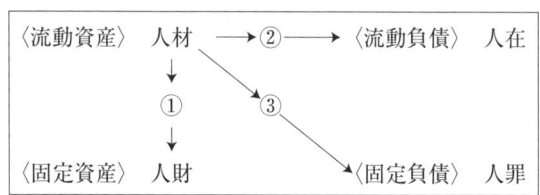

① 正しい人材育成を行う
② 放ったらかし
③ 間違った教育を行う

　すなわち、新入行員をいかに育てるかによって、人財になりうる人材を、人在または人罪と表されるような、財産とはいえない存在にしてしまうことになるのです。それは、新入行員の配属先である支店長・管理職者の責任です。部下を育てることができない支店長・管理職者に、組織を明日へ向けて

束ねるリーダーシップはありません。配属された新人を真っ当な貸出担当者に育てることができないようでは、マネジメント能力がない支店長・管理職者と言われても仕方ありません。なぜならば、銀行の大事な財産である人、潜在的能力をもつ人の能力を活かすことができないばかりか、戦力になりうる人材の無駄遣いをしているからです。若手の成長が、支店の業績・収益にプラスになるという視点をもてない管理職者は失格です。

　人材育成のための給料はもらっていないとか、人材の育成を図っても評価や給料に反映しないということを言う支店長・管理職者は、考え方を根本的に改める必要があります。OJTは、支店長・管理職者の本来業務であり、無償の行為として行わなければいけないと考えるべきです。無償の行為ですが、その意味することは、若手の戦力アップが支店のチーム力を高め、明日の組織づくりになるということを知るべきです。

５．あなたの支店は毎期連続して目標を達成していますか

> 講　師：前期に目標を達成したという支店長は手をあげてください。少ないですね。では、手をあげた目標を達成した支店で、２～３期連続して目標を達成した支店長がいたら手をあげてください。だれもいませんね。
>
> 　業績推進に忙しいといって、人材育成を犠牲にして頑張っても、結果として目標を達成できないとき、皆さんは実績についてどのように考えますか。OJTを行って、新人を少しでも戦力化していたら目標を達成できたかもしれないとは考えた人はいませんか。
>
> 　たとえば、最近２年間、４期連続して目標を達成した支店長はここにいません。では２期連続で目標を達成した支店と、４期とも目標は未達だが、OJT教育をしっかり行い、支店全員の能力レベルを毎期平均10％伸ばしている支店と、どちらが銀行にとって

　　　　貢献しているといえるでしょうか。
支店長：業績は数字で結果が見え、比較できます。でも、部下全員の能力が毎期平均10％伸びたということはわかりません。仮に、支店長が部下全員の能力を10％アップさせたと主張しても、人事部がそれを認めるとは限りません。証明できませんから。
講　師：確かに目に見える、目に見えないという違いがあります。でも、世の中には目に見えないけれど大事なことはいっぱいあるでしょ。たとえば、銀行にとって大事な信用・信頼、あるいは取引先との絆は目に見えません。正しい考え方ということも目に見えません。
支店長：先生が言っていることはわかります。わかりますけれど、現場の経営をあずかる支店長としては、まずは目に見えるかたちで実績をあげることが求められているんです。それをやらないで、目に見えない大事なことがあると言われても……。
講　師：支店長は短期的には本部からの数値目標の達成が求められているということもわかります。
　　　　ただし、先ほど私が話したことですが、本部からの数値目標の達成率は毎期90％ですが、部下全員の能力が毎期平均10％伸びていることは、中長期的に銀行全体の戦力アップに資することにつながり、明らかに人材育成することのほうが銀行のために役立つと考えられませんか。
支店長：私たちもOJTをまったくやらないと言っているのではありません。現場はどうしても結果を求められていますので、どちらかと言われれば、数字に表れる業績中心になっていることは事実です。

　上記会話は、業績は数字に表れ、比較できるが、人材教育の成果は数字に表れず、目に見えないという話になりました。

このことについて考えてもらうため、筆者はサン＝テグジュペリ著『星の王子さま』（岩波書店・昭和45年第24刷）の本を紹介したいと思います。この本の冒頭、「おとなは、だれも、はじめは子どもだった」と書いてありますが、これは子どもの心を忘れてしまった大人向けの本として読めます。まさに、管理職者に新人の頃の気持ちを思い出してもらうのにふさわしいと思って紹介するものです。

　星の王子さまは小惑星に旅に出ます。そこで出会った人は、「自分の体面を保つことに汲々とする王」「賞賛の言葉しか耳に入らない自惚れ屋」「所有する星の数の勘定に日々を費やす実業家」などです。ヘンな大人ばかりだったので、星の王子さまは地球に向かいました。地球ではキツネと仲良くなり、別れ際にキツネから秘密を教えられます。「心で見なくちゃ、ものごとはよく見えないってことさ。かんじんなことは目に見えないんだよ」……と。

　話が横道にそれてしまいましたが、支店経営において「業績（収益向上）」と「人材育成」を別個にとらえている管理職者がいます。分けて考える理由を「数字で見えること」と「数字に見えないこと」としていることに筆者は違和感を覚えます。なぜならば、どの銀行も貸出判断を行う場合、定量的分析（財務分析）だけでなく、定性的分析（実態把握）もあわせ行わなければいけないと教えています。ところが、業績考課や人事評価に際しては目標達成率という目に見える定量的側面が大部分を占め、「取引先から信頼されるようになった」とか、「むずかしい問題だったが誠意をもって解決した」というような質的な側面は数字に表れないため評価されません。また、一生懸命勉強して知識を増やし、貸付事務に精通し、事務の過誤は皆無であったとしても、収益やボリュームという数的実績を優先する評価体系をとる銀行が多いと思われます。質的な成果は上司の主観が入るという理由で評価されないようでは、結局は目に見える数字至上主義に走ることになるのではないでしょうか。

　OJT教育では、評価を上げるための方法論や手練手管を教えるのではな

く、本質的なものの見方（注）や論理的思考、そして人間として正しい考え方を基本とする道徳的倫理観を仕事を通して教えなければいけません。そのようにして育てた人材が将来の銀行を背負ってくれるのです。

(注) 『星の王子さま』で「かんじんなことは目に見えない」と訳されている原文は、"l'essentiel est invisible pour les yeux"で、これを直訳すると「本質は目では見えない」です。

6．支店長が先頭に立って勉強会を行う

講　師：私が現役の支店長のとき、貸出業務のOJT教育の一つとして支店長主宰の勉強会を行いました。

　　　　Ｓ支店では、貸出業務に携わるライン全員（副支店長から新人まで）を集め、週1回30分の勉強会を1年間継続して行いました。私自らが講師となり、部下に余計な作業をさせないように資料もすべて私が作りました。私が勉強会で話した内容は、輪番に指名した者が書記役として書きとめ、彼がそれをメモにしてまとめ、後日それをコピーしたものを講義録として全員に配付するというかたちで行いました。

　　　　Ａ支店では、貸出業務を行う課が4つもあり、全員を一堂に集めて勉強会を行うことがむずかしかったのでパソコンを利用しました。PC上に「吉田塾」というアイコンをつくり、貸出業務を遂行するうえで基本となる知識や、実際の貸出案件を題材に採り上げました。実際の貸出案件を採り上げ、貸出の可否の判断を行ううえで必要かつ重要なポイントと支店長の考え方を書き、全員が読めるようにしました。隣の課で起きた貸出案件の事例について、支店長の問題意識はどこにあり、どのような考え方でどのような指示を出したか――について、全員がそれを読めるようにしました。自分の担当先ではない事例を見ることで、貸出案件に対

する支店長の取組み方、考え方を共有できるようにしました。また、支店長が発信するメールは一方通行にせず、部下からの質問があればそれに答え、だれでも議論に参加できるかたちにしました。そのやりとりもすべてオープンに行い、支店長と部下の質疑も全員が読めるようにしました。支店長が発信したメール本数は1年間に117回に及び、それをプリントアウト（260頁）して「吉田塾講義録」として配りました。

支店長：私にはそんなことはできないですね。

講　師：なぜできないのですか。

支店長：だって忙しいし……。正直申し上げて、貸出業務を部下に教える自信がありません。

講　師：私も忙しかったですよ。要はやる気があるかないかの問題ではないでしょうか。支店長が1週間のうち30分の勉強会を行う時間もとれないのでしょうか。A支店ではメールで発信しましたが、営業時間中にメールを書くことはしませんでした。部下から後ろ指を指されないように、メールは始業前、昼休み、あるいは終業時刻を過ぎてから書きました。いろいろな貸出案件があるなか、教えたいこと＝書きたいことはたくさんありました。

支店長：私は先生（講師）ほど貸出業務に詳しくないですから……。

講　師：貸出業務に詳しくない支店長でも、貸出するか否かの判断は自ら行わなければいけませんよね。貸出業務に詳しくない、自信がないというならば、なおさら勉強していただかないと困りますね。支店長自らが勉強している姿を見て部下たちは、触発されて自己啓発に励むようになります。必ずよい影響を与えることになります。

　私も本を脇に置き、内容を確認しながら書きました。人に教えるということは自分も学び成長することになります。

　すべてを自分一人で行わなくても、テーマごとに講師を変えて

> やってもいいじゃないですか。あるいは、研修に行ってきた人に、研修で習ってきたことを話してもらうかたちでもいいじゃないですか。
> 　要は、ともに学ぶ姿勢を支店内につくることが大事だと思います。部下に教えてもらう、部下から学ぶこともあるでしょうし、それは恥ずかしいことではありません。

「負うた子に教えられて浅瀬を渡る」という諺があります。背に負った子に、浅いところを教えてもらいながら川を渡る～という意味から、賢者である、老練であると自負する人でも、時には思いがけないことを自分より未熟な者から教えられることもあるということです。

　支店長自らが勉強会を主宰しなくても、支店のそれぞれの立場の人が順番に講師役になってもかまわないと思います。講師役になる人は人に教えるためには、知っていることでもあらためて勉強することになり、それがまた自らを高めることにもつながります。

　人に教えることほど自らの勉強になることはないのと同様に、人の自己啓発を助けることほど自らの自己啓発に役立つことはありません。実際、人の成長に手を貸すことなくして、自らが成長することはありえないと思います。

　支店を「塾」のようにして、ともに学ぶ雰囲気をつくることが大事だと思います。支店内のムードが人を育てる健全な環境にあるかが問われ、そのような雰囲気を醸成することができるかできないかは、支店長・管理職者の力量・マネジメント力にあると考えます。

　OJTというと、上司から部下へ教えることと思いがちですが、今の時代はそのような認識で凝り固まる必要はないと思います。基本は、部下を育成するために行う教育・指導がメインになりますが、ともに学ぶ＝相互啓発を行うことも、広い意味でのOJTとしてとらえてよいと思います。専門知識をもっている部下が講師になってもよいし、審査部の人に講師として来てもらっ

たり、あるいは取引先の人に業界動向をレクチャーしてもらうことがあってもよいと思います。

7．最近の新人は何を考えているのかわからない

> 支店長：最近の新人は、自分と親子ほどの年齢差があり、働き方に対する意識もわれわれと違い、どうやって教えたらよいかむずかしい。
>
> 講　師：どのようなときそのように感じるのですか。
>
> 支店長：「ゆとり教育」を受けた世代は他人との競争を望まず、運動会でも1等賞、2等賞という賞をつけない教育を受けていると聞いています。彼らには、目標に向かって突き進むというガッツが感じられません。
>
> 講　師：銀行に限らず、企業はさまざまな世代が混在する組織で成り立っています。私たちが若い頃も、親たちからは「戦争を知らない世代」とか「団塊の世代」と言われました。皆さん（40歳代半ば～50歳代前半）も「新人類」と呼ばれ、課長・係長クラス（30歳代前半～40歳代前半）は「団塊ジュニア」と呼ばれていたはずです。
> 　「いまの若い者は～」という言葉ですますのでなく、彼らが育ってきた時代背景をふまえながら育てていかなければいけないのです。
>
> 支店長：「ゆとり世代」の若手は精神的に弱いように見えます。頑張って出世したいという意欲も見えません。真面目ではありますが。
>
> 講　師：入行2～3年目の若手を相手に研修を行いますと、銀行組織にまだ染まっていない彼らはピュアな眼で銀行を見ていると感じます。貸出業務に携わっている若手には、「こんなことをしてよいのか」「これは本当に取引先のためになるのか」という疑問をもっている人もいます。

　　　　私が研修で、「正しい考え方で、真っ当な貸出を行うことが大事」「信用・信頼という質的な問題を、収益という量の問題で解決することはできない」と話すと、彼らは素直に納得します。そして彼らは、研修終了後のアンケートで「先生のお話は理解できました（そのとおりと思います）が、現場に戻ると、先生の考え方は通じません」「こういう内容の研修は支店長を対象にして行ってほしいと思います」と書いてきます。これはどういうことでしょうか。

支店長：それは先生のお話は理想を目指した建前論であって、現実に現場で目標に向かって、他行と競争している実態と掛け離れているからです。

講　師：ということは、皆さんが現場で行っている貸出業務は理想を目指したものではない、正しい考え方でなくてもよいということですか。

　　　　私が研修で話している内容は建前論でも理想論でもありません。私が現役支店長のときに実践してきたことです。それを建前論だというのは、皆さんの本音は、建前論ばかりいっても＝正しい考え方だけでは、業績目標の数字に届かないから、目標達成のためには、少々のコンプラ違反をしてもいいと考えているのですか。

支店長：若手は実際の仕事を通して、上司先輩のやり方を真似し、盗んで育っていくのです。法に触れるようなことはやっていません。

講　師：若い人たちは支店長や上司・先輩の背中を見て育ちます。法に触れなければ何をやってもかまわないということではないはずです。

　　　　先般、某地銀の若手を前に、「早割り・早貸し」「貸込み」「期末協力借入依頼」という行為の問題点を話しました。「早割り・早貸し」は銀行が平残と収益稼ぎのために行うものであり、取引

> 先に本来支払う必要がない割引料や支払利息を支払わせて損をさせることです。「貸込み」は貸出金の押し売りで取引先に余計な借金を負わせることであり、「期末協力借入依頼」は貸出金の期末残高を実力以上に見せかけるために行う銀行の粉飾決算であると話しました。どれも法令違反ではありませんが、これらの行為は「恥ずかしい行為」で「美しくない」と私は言いました。その研修の最後に、一人の若手が手をあげて次のように質問しました。「先生のお話はもっともであると思います。しかし、当行では「早割り・早貸し」「貸込み」という行為は常態化しています。支店長も数字稼ぎのためにそれをやれと言います。どうしたらよいのでしょうか」
>   皆さんは、この質問にどのように答えますか。
> 支店長：……（無言）。
> 講　師：私は、真っ当な正しい考え方を若い人たちに伝承していくことが、銀行にとって重要なことだと考えます。
>   私は、この質問に次のように答えました。「どうしたらよいかは自分で考え、自分で結論を出しなさい」と。そして次のように付け加えました。「講師の話を正論として受け止めたが、現実の場面において上司からくる指示が正反対であるとき、自分はどうしたらよいかは自分で決めるしかありません。どのような結論を出すか……私は貸出業務に携わる人は、結論として出すに至る考え方・行為に自らの人格・品性が表れると思っています」

　私は、銀行の発展は行員一人ひとりの勤勉さと真っ当な行為の総和であると考えます。そのことが取引先から信用と信頼を得ることになるからです。競争に勝つことや、目標を達成することが自己目的化して、行員自身にエゴイズムやリスクを隠す等の好ましくない行為が蔓延すれば、貸出業務を遂行するうえでの道徳律・倫理観は失われ、銀行の信用・信頼は失墜すると思い

ます。銀行に対して最も害をなすのは、行員の品性、品行の低下であると考えます。

現在、多くの銀行で行われている貸出業務は、業務の本質を忘れ、真に取引先の経営に資するサービス、情報生産を行うという視点が置き去りにされています。現行の貸出業務の実態は、成果主義のもと、行員個人・支店が自らの業績評価を得るためのパフォーマンス競争になっています。そのため、正しい考え方より、数字に寄与することを優先し、取引先に対する「顧客第一」「顧客満足」という言葉はむなしく響き、スローガン倒れになっていることにさえ気づかないでいるようです。

このような状態に陥っている原因は、正しい教育指導が行われていないからです。バブルが崩壊して20年以上が経ちます。間接金融を取り巻く状況は大きく変化し、法人部門の資金余剰状態が15年も続き、またデフレ経済下で中小企業の資金需要が乏しいにもかかわらず、相変わらず貸出残高を増やすために目標達成率で競わせている様は銀行経営者の問題ともいえます。

筆者が、全国の金融機関で130回以上の研修を行って感じていることは、若い人たちのほうがピュアな感覚で現状をみつめ、今のやり方に疑問をもっているということです。だからこそ、余計に若い彼らに、いま、正しい考え方と真っ当な貸出業務のやり方を伝授していかなければいけないと思う次第です。部下を正しい方向へ導き、より大きく、より豊かな人間に育てることができるか否かは、支店長・管理職者自らがより豊かな人間になるか、より貧しい人間になるか、成長するか、退化するかを決めることになるのです。

トヨタのHPを見ると、人材育成について次のように書いています。

"「モノづくりは人づくり」〜人づくりは「価値の伝承」であり「ものの見方」を伝えることだと考えています。"

松下幸之助は、「松下電器産業（現パナソニック）は人をつくっている会社です。あわせて電器製品をつくっております、と答えられないといかん。そう答えられんのは、君らが人の育成に関心が薄いからだ」と言ったそうです。

行員（人）が財産である銀行において、人をつくることより、たくさん金を貸し、収益をあげることが優先される経営でよいのでしょうか。

　行員の品性が低下し、モラルが落ちるのは、上に立つ人たちがそうであるからといってよいと思います。なぜならば、部下は上司の背中を見ながら、真似して育つからです。

　貸出業務に携わる人は、支店長から新人まで、一人ひとりが自らの考え方と行為を反省し、正しい考え方を学ばなければいけません。そのことは現場におけるOJT教育を通して行われなければいけません。

　支店長として、銀行に対する最高の功績は、半期の業績目標を達成することより、自ら教育指導して育てた若手が立派に活躍することであると思います。また、そうして育てた人が数多くいることが、自らが銀行に残す最も誇るべき業績であり、記念碑であると考えるべきではないでしょうか。

　2009年のプロ野球パリーグのクライマックス・シリーズで楽天は日本ハムに敗れました。このシーズンを最後に球界を去ることが決まっていた野村克也監督は、グラウンドで両軍の選手やコーチから胴上げされました。敗軍の将が胴上げされること自体めずらしいですが、日本ハムには以前の教え子である吉井コーチや稲葉選手もいて、この感動的な胴上げシーンになりました。試合後のインタビューで野村監督は次のように答えました。「人間何を残すか。人を残すのが一番。少しは野球界に貢献できたかな」と。野村さんは著書の中で、後藤新平の言葉である「財を残すは下、事業を残すは中、人を残すを上とす」と書いています。

　銀行員人生において、半期の業績表彰をとることにあくせくするより、自らが指導育成した人材が将来の銀行で活躍する姿のほうが、自らの銀行に対する功績として誇りになるのではないでしょうか。私は銀行を辞めて10年以上が経ちますが、銀行に対する貢献について考えるとき、現役時代に業績表彰をとったことより、「吉田塾」で教えた後輩がそれぞれの場所で「真っ当な貸出」を行い、彼らが私が知らない後輩たちに「真っ当な考え方」を伝えていることのほうが誇りであり、自慢であります。

第 1 章

貸出担当者に教えるべき基本的考え方

第 1 節

貸出業務の本質

1 貸出金の原資と貸出業務の意味を考える

 A食品（ミニスーパー経営）宛ての手形貸付10百万円の手形期限が到来するため、同貸出金の継続稟議が回付されてきました。

支店長：立石君、この10百万円の貸出金の資金使途は何？

立石君：経常運転資金です。

支店長：そうか？　この会社は現金商売のスーパーだろ。所要運転資金（「受取手形＋売掛金＋在庫」－「支払手形＋買掛金」）を計算してごらん。マイナス（逆収支）になるということは所要運転資金は不要ということだよね。

立石君：すみません。継続稟議なので前任者が書いた稟議をそのまま丸写しました。

支店長：いま、この会社は立石君の担当先だ。前任者の仕事を引き継いだら、その会社は過去の貸出を含め君が責任をもって見なければいけない。だから君自身がこの貸出の資金使途を確認して、A社の現況を把握する責任がある。設備資金でもなく、運転資金の需要もない会社に10百万円も貸しているが、この10百万円はいった

い何に使ったの？

立石君：先輩から聞いたところによると、実際には社長が絵画を買ったと聞きました。

支店長：絵画？　だれの絵なの？

立石君：詳しく知りません。

支店長：「実際には」と先輩から聞いているということは、資金使途を偽って貸していることを君も知っているということだね。ところが、購入した絵をどこから買ったのか、いくらで買ったのか知らない。絵の写真も撮っていないし見たこともない。何もしていないのでは、その絵を本当に10百万円で買ったかどうかもわからないじゃないか。

　当初、期間1年・期限一括返済で貸しているけれど、この期限が到来するのに、当初約束どおりに返済するという話はなかったの？

立石君：ありませんでした。今月末に手形期限が来ることを伝えましたら、「継続して」と言われたので……。

支店長：では、今回1年延長で手形を継続した場合、来年の期限には返済すると言っているの？

立石君：1年後に返済するという確約は得ていません。

支店長：じゃあ、この貸出はいつ返済されるかわからないの？　そもそも、この貸出の返済原資はこの絵の売却代金しか考えられないが、この絵の現在価格はどのくらいするの？

立石君：わかりません。すみません。

支店長：画家の名前も知らないんだから、その絵の価格を知っているわけないよね。社長が趣味で会社の借入金で絵画を購入し、いつ返済されるかわからないというなら、まともな貸出とはいえないので、この貸出を継続することは認めない。期限に返済してもらいなさい。

第1章　貸出担当者に教えるべき基本的考え方

> 立石君：えっ、この10百万円が返済になったら、私の今期の貸出増加目標が達成できなくなります。
> 支店長：バカもの！　君は貸出業務をなんと心得ているのだ。業績表彰をとるためとか、実績評価を得るために貸出業務をやっているのか⁉　この貸出金10百万円はだれのお金だと思っているのだ。
> 山田君：銀行のお金……。
> 支店長：大バカもの‼　君は基本的なことが何もわかっていないね。

この〈場面1〉の要点を整理してみます。
　①　立石君はA食品宛て10百万円の貸出の手形期限が到来するので、手形書換の継続方針のメモを支店長に回しました。
　②　所要運転資金を計算すると逆収支であることから運転資金は必要ないと指摘され、この貸出の資金使途を聞かれました。
　③　立石君は先輩から絵画を購入したと聞いていると答えました。しかし、作者（画家の名前）も知らないし、絵を見たこともありません。
　④　絵画の価値（時価）も不明で、返済の確約がなされていない貸出は"真っ当な貸出"ではないと支店長に言われました。
　⑤　支店長は、社長が趣味で会社の借入金で絵画を購入し、いつ返済されるかわからない貸出の延長・手形書換は認めないと言い、期限に返済してもらうよう立石君に指示しました
　⑥　立石君は、10百万円の貸出が返済されると自分の今期貸出目標が未達になると言いました。これに対して、支店長は、「業績表彰、実績評価を得るための貸出業務」という考え方をたしなめています。
　⑦　支店長が立石君に10百万円の貸出金の原資について質問したところ、立石君は「貸出金は銀行のお金」と答え、支店長から「大バカもの」と怒られました。

講義のポイント

(1) あなたは自分の銀行の貸借対照表（B/S）を見たことがありますか。

銀行が預かった預金の数字はB/Sの右側に載っています。すなわち、預金

〔別図〕 銀行の貸借対照表（例）

◆貸借対照表（平成23年3月31日現在）　　　（単位：百万円）

〈資産の部〉		〈負債の部〉	
現金預け金	156,060	預金	4,043,809
コールローン	62,494	譲渡性預金	40,117
商品有価証券	2,336	借用金	100,100
金銭の信託	3,994	外国為替	53
有価証券	1,097,665	社債	15,000
貸出金	2,988,825	その他負債	59,575
外国為替	7,085	退職給付引当金	7,346
その他資産	70,730	役員退職慰労引当金	123
有形固定資産	32,054	偶発損失引当金	626
無形固定資産	1,842	睡眠預金払戻損失引当金	643
繰延税金資産	21,896	支払承諾	27,581
支払承諾見返	27,581	負債の部合計	4,294,977
貸倒引当金	△24,047	〈純資産の部〉	
		資本金	93,524
		資本剰余金	16,795
		資本準備金	16,795
		利益剰余金	39,079
		利益準備金	4,956
		その他利益剰余金	34,122
		繰越利益剰余金	34,122
		株主資本合計	149,398
		その他有価証券評価差額金	4,144
		評価・換算差額等合計	4,144
		純資産の部合計	153,542
資産の部合計	4,448,519	負債及び純資産の部合計	4,448,519

67.2%　　　90.9%

第1章　貸出担当者に教えるべき基本的考え方

業務は銀行にとって資金調達であり、預金は銀行にとって負債です。言い換えれば、銀行は預金者に対して債務者の立場になる（＝銀行は預金者から借金をしている）わけです。預金の数字が総資産（負債＋純資産）に占める割合は、銀行によって異なりますが、およそ85～90％前後となっています。ということから、銀行は預金者の預金（有利子負債）を使って貸出業務や有価証券投資を行っているということがわかると思います。

一方、貸出金の数字は運用資産としてB/Sの左側に載っています。貸出金が総資産に占める割合は、ここ数年は減少傾向にあり、銀行によってその割合は異なりますが、およそ55～75％くらいかと思います。その数字は総資産のなかに占める割合としてはいちばん大きい数字です。このことは、貸出業務が銀行の資産運用として最も大きなウェイトを占め、銀行の収益を支える大黒柱であることを示しています。そして、貸出金の原資は預金であることもわかります。

銀行は、預金者からの預金の払戻請求に対して期日前であっても元利保証して返戻に応じます。預金の元利保証を行うためには、預金を使って行う貸出業務は健全に行われていなければいけません。貸出金に貸倒れが起きると、理論的にはその払戻しに応じる原資がその限りで存在しないということになります。貸倒件数が多く、不良債権貸出が多額になる場合、預金者はその銀行に預金を預けておくことに不安を感じ、預金の引出しを考えるようになります。多数の預金者がそのような考えになり一斉に預金の引出しを図ろうとする行動を「取付け」といいます。これにより、銀行の資金繰り＝預金支払能力に赤信号がともることになります。これが銀行の破綻につながるのです。

バブル崩壊後、多くの金融機関が破綻しました。その主たる原因は貸出債権の不良化が原因となり資金繰りが困難になったことによります。このことからも、銀行は真っ当な貸出業務を行い、健全な貸出資産を積み上げることが大事であるということがわかります。貸出増加の数値目標を達成することが目的化して、不良債権になるリスクが高い貸出であると知りながら、数字

欲しさに採り上げる愚行は絶対にやってはいけません。

(2) 貸出業務の基本は、資金使途を検証し、借入申出金額が必要金額として妥当であるかチェックすることから始めます。資金使途がわかれば、返済原資がわかり、おのずと貸出期間と返済方法も決まります。上記場面の貸出は、実態は絵画購入であるにもかかわらず、運転資金と称し、貸出期間と返済方法も決まらないまま貸出を実行したため、手形期限に手形書換の理由に窮してしまっています。ウソを重ねていくことはできません。

　貸出業務を遂行するとき、正しい考え方で、真っ当な方法で業務を行わなければいけません。そこに、銀行や担当者個人の私利私欲や思惑を入れることはよくありません。自己のパフォーマンスや評価を意識して、貸出業務の本質を逸脱する行動をしてはいけません。

　上記場面で、10百万円の貸出残高が減ると、今期の目標数値を達成できなくなることを立石君は訴えています。それに対して、支店長は、「君は貸出業務をどのように考えているのだ。業績表彰をとるためとか、実績評価を得るために貸出業務をやっているのか!?」と叱っています。

　貸出業務に携わる人は、貸出という仕事の本来の意味と自分の役割をしっかり考えなければいけません。目標とは定量的に示された数字にすぎず、貸出業務を行う目的は、目標数値に貸出業務を行うことの意味を付け加えたものとして考えなければいけません。その関係は、「目的＝目標＋意味」という式で表すことができます。貸出業務を行う意味を考えずに、目標数値を達成することが目的化している人は、前記式から意味が消えますから「目的＝目標」となります。

　「目的＝目標」という認識で貸出業務を行っている人は、自分の数的成果をあげることが目的化して、貸出先の事業経営に役立つためには何が重要かという視点を見失っています。

　貸出業務を行うという仕事に課せられた意味と自分がやるべき役割をしっかり考えて目的意識をもつ人は、数値目標を達成することだけでなく、貸出先のためにどのような方法の貸出が役立つか、貸出先の経営に資する情報や

付加価値は何か――というように、仕事を遂行する意味やプロセスや質的内容を自らに問いかけます。数的実績＝結果がすべてと考えている人は「目的＝目標」の延長に自分の評価があることを強く意識した貸出行動をとることになります。それは、「リスクは銀行に、ボーナスは自分に」という私利私欲や思惑というものにすぎません。

あなたは、銀行員としての誇り、矜持をどのようにもって毎日を生きていきますか。役員や人事部や上司や、数的評価尺度を意識して、業績考課や実績評価を得るためならば、貸出先が望まない貸出であっても、不良債権になるリスクが高い貸出でも、数字が伸びるのであれば理由をつけて貸し、目標達成を図ることが大事だと考える業務を毎日続けていくのですか。それとも、結果と評価を意識するパフォーマンスに走ることより、真に貸出先の経営に資する支援・サービス・情報提供を行うことで、貸出先から信頼され、喜んでもらえる仕事を行うことに生きがいとやりがいを感じる仕事をしますか。

どちらの考え方で銀行員生活を過ごすか、それは自分自身の品性・人格にかかわる問題かと思います。どのような貸出業務を行うかは、あなた自身の人生観・生き方の問題といっても過言ではありません。

2　貸出金の回収なくして利益なし

場面 2　井口君は新規に貸出取引を開始するＢ金属宛て10百万円の運転資金貸出の事前協議のメモを書いて支店長に回しました。

支店長：井口君、この貸出は君がとってきたの？
井口君：はい、１年くらい通って、やっと借りてくれることになりまし

た。

支店長：会社業績はあまりよくないね。

井口君：信用調査会社による信用調査の総合評点は40点と低いですが、借りてくれると言うので……。

支店長：借りてくれると言われたから、貸さなければいけない理由はないよ。銀行はボランティアでお金を貸すわけではないからね。

井口君：そうかもしれませんが。こちらからの売込みで、積極的にセールスしてきた経緯もあるので……。

支店長：預金獲得のセールスと、貸出のセールスは違うぞ。

井口君：どう違うのですか？

支店長：銀行が預金を獲得するとき、銀行は預金者に対し債務者の立場であることから、預金者の信用に依存する必要性はない。しかし、貸出業務の場合、銀行は貸出先に対し債権者の立場であり、貸出先の信用に依存し、回収リスクがあることを考えると、だれにでも貸出をセールスすることは避けるべきだ。なぜならば、銀行が相手の信用リスクを負うという事実がある限り、相手かまわず無差別に貸出セールスを行うことは危険であるということだ。

井口君：わかりました。でも、今期の目標を達成するために新たな貸出先を探すには目線を少し下げないと、新たな貸出先を見つけることはできません。

支店長：そもそも信用調査会社の点数をどのようにとらえるかという問題もあるが、40点というのは低いね。ところでB金属宛てに貸す10百万円の資金使途は何？

井口君：経常運転資金です。

支店長：経常運転資金？？　経常運転資金が新たに発生したの？

井口君：B金属がそう言っています。

支店長：いいか井口君、経常運転資金が新規に発生するのは、理論的には企業の創業時だけだよ。経常運転資金が会社設立後何年も経っ

　　　　てから新規に発生することは理論的にありえない。だから、この
　　　　10百万円は経常運転資金ではない。増加運転資金が発生したのか
　　　　な〜と思って決算書を見てみたが、増加運転資金でもなさそうだ
　　　　……。

井口君：は〜ぁ……？

支店長：貸出の数値目標金額を達成することが目的化して、質の悪い、
　　　　回収リスクが高いような案件を無理して採り上げることは、逆に
　　　　不良債権を抱えるリスクにもなる。目標達成のために貸したいと
　　　　いう気持ちが先に立って、資金使途の理屈をあとから糊塗するよ
　　　　うな貸出は絶対にしてはいけない。

　　　　　貸出業務は数字達成を競うゲームではないし、貸してほしいと
　　　　言われたら、貸さなければいけないという仕事ではない。預金者
　　　　から預かった、預金者の大事な財産である預金を使って貸出業務
　　　　を行っていることを忘れてはいけない。

　　　　　売込み案件であっても、セールス案件でもいいが、資金使途の
　　　　検証はしっかりとやってくれ。資金使途を見極めて、信用（無担
　　　　保）で貸すほどの相手なのか、もう一度よく検討してみてほし
　　　　い。

井口君：はい……。

この〈場面2〉の要点を整理してみます。

① 　井口君は、貸出数値目標を意識して、信用調査書の総合評点に対する目線を下げて新規開拓する対象先を広げ、業績・財務内容がいまひとつよくないB金属宛てに貸出することに話が進みました。

② 　支店長は、貸出数値目標を達成するために、総合評点を下げてまで貸出を行うことには消極的のようです。貸出業務を、預金業務と同じような意識で売込み・セールスすることに否定的な意見をもっています。

③　支店長が資金使途を井口君に尋ねると「経常運転資金」と答えました。しかし、支店長から経常運転資金は新規に発生することは理論的にありえないと言われ、また2期間のB/Sを比較してみましたが増加運転資金でもないようです。

④　支店長は、井口君に対して資金使途の検証をしっかり行うことを指示しました。目標数値達成のために、貸したいという意識が先に立って、本来行うべき検討や判断が甘くなることに釘を刺しました。

講義のポイント

(1)　経営の原則として、「販売なくして利益なし」という言葉があります。銀行には預金と貸出という二つの本来業務があります。一般会社の経営にたとえるならば、預金は仕入、貸出は販売に置き換えて考えることができます。そこで、上記の経営の原則を当てはめたとき、「貸出なくして利益なし」といえるでしょうか。基本はそのとおりともいえますが、貸出業務には回収リスクが伴うため、貸出すれば必ず利益が得られるとは限りません。貸出を行っても貸出先が倒産して貸倒れが発生すれば損失につながります。利息を先取りしていたとしても、貸出金元本が回収できなければ、先取りした利息以上の損失を被り、結果として「貸出しても利益なし」というケースもありうるのです。

　貸出業務においては、貸出金を回収できて、はじめて利息が収益となるのです。したがって、「回収なくして利益なし」という言い方が的を射ていると思います。

　前記〈場面1〉の貸出は、絵画を売らないと返済できない、売っても全額返済できるかわからない、かつそもそも貸出時に返済期限を明確に決めていません。利息が入り利益は得ていると思っていたら大間違いです。問題は元本が返済されず、元本が回収できなければ、利息額より元本の損失額は大きいため、「回収なくして利益なし」ということなります。

　「回収なくして利益なし」という言葉は、リスクがある貸出の採上げには

慎重な判断が必要であるということです。支店長は井口君に対し、貸出業務が数字達成ゲームに陥ることを戒め、貸してほしいと言われたら貸さなければいけないという意識は払拭するように言っています。

(2) 貸出をセールスするということは、受身ではなく能動的行為であり、業務に対して積極的であるイメージを与えます。「提案型セールス」という言葉を使い、資金需要を銀行が発掘して貸出に結びつけることで、成果を出すことが大事であると書いてある本も出ています。

しかし、経営者が自社の事業経営を行ううえで資金需要の発生や必要性に気づかないのに、銀行の貸出担当者がその会社における新たな資金需要を見出すというケースがどれほどあるでしょうか。要は、「借りてください」というお願いである場合か、それとも経営者が借入に躊躇していたときに、躊躇していた理由を解決しないまま、借入するよう背中を押すケースくらいしか考えられません。

貸出セールスの実態は目標数値を達成するための機会を探し、きっかけを見つけることかと思います。その行為自体を否定するつもりはありませんが、そのようなお願いセールスの目的は貸すことにありますから、資金需要の背景や資金使途などの検証は甘くなりがちで、むしろ理由を適当に後づけすることになりやすいといえます。悪く言えば、稟議の承認を得る（＝貸出実行に結びつけたい）ために、リスクを意図的に隠したり、数字を適当につくり変えたりして、貸す理由を後づけするようになりかねません。

その結果、資金使途を貸出実行後にフォローすると、稟議書に記載した資金使途と異なるものも出てきます。具体的事例として次のような事例を見かけます。

・他行肩代り資金貸出として実行するも、実際には肩代りしたはずの他行貸出残高は減っていない。要は、総借入金額が増えているが、貸出金が何に使われたかよくわからない。

・増加運転資金として実行するも、増加運転資金の算出根拠となる主要勘定の実績から計算しても増加運転資金発生の事実は認められず、実

際の資金使途は不明。
・土地建物取得のための設備資金として貸すも、B/S上の土地・建物の金額は前期決算書と変わっていない。あるいは貸出金額に見合う金額は増えていない。

それでも貸出残高が伸びていれば、不問に付すということでよいのでしょうか。

3 担保があるから貸すという発想

場面 3 宮地君が担当しているC衣料から、春夏物仕入の季節資金として10百万円の借入申出がありましたが、これを20百万円に増額して貸すという稟議書が支店長に回ってきました。

支店長：宮地君、C衣料の季節資金だけど、例年10百万円であるのに、なぜ今年は20百万円になったの？
宮地君：私が10百万円の増額を頼みました。
支店長：C衣料からの借入申出金額は10百万円で、季節資金としてその金額で足りると言っているんだろ。
宮地君：はい、例年どおり10百万円の借入申出でした。
支店長：それなのに、なぜ10百万円の増額を頼んだの？
宮地君：本部からきた今期の貸出増加目標が大きいので、目標達成率を高めるためにC衣料の社長に無理にお願いしました。
支店長：そのことはC衣料に迷惑をかける貸出になるとは考えなかったの？
宮地君：それより目標が未達の状態のほうが気になっていて……。
支店長：「お客様第一」をモットーにしている銀行が、お客様にとって

迷惑になるような貸出を強いてはいけないじゃないか。お客様に余分に借入をお願いするということは、お客様は負債（借金）を増やすことになり、余計な支払利息を払うことで経常利益をマイナスにさせる要因になる。もし、C衣料の業績が急速に悪くなった場合……。

宮地君：大丈夫です。業績が急速に悪くなった場合でも、C衣料に設定してある不動産担保は余力（取り分）が十二分にありますから。万一、倒産しても大丈夫です。

支店長：宮地君、そういう考え方はよくないな。担保があるから貸してもよいということではない。それでは質屋と同じ発想じゃないか。銀行が行う貸出は、質屋や貸金業者とは違うことを知らなければいけない。

宮地君：でも貸出金額を増加させないと収益は伸びません。

支店長：それはそのとおりだが、お客様が望まないことを、銀行が自らの収益欲しさのため、銀行都合を押し付けてまで行うことはよくない。そのような銀行都合を無理強いすることで、信頼を失うようなことになっては取り返しがつかない。君だって、嫌なことや望まないことを無理に勧められたらよい気持ちにならないだろ。

宮地君：……。

支店長：明日、私がC衣料の社長のところに行ってくる。貸出先が望まないのに無理に貸込みすることは私の本意ではない。季節資金としての調達総額のうち他行分担分を削って当行宛増額をしてくれるのだったらお礼を言わなくてはいけないが、そうでなく単に無理なお願いをしてC衣料が困っているようだったら、元の10百万円に戻すことになるかもしれない。

この〈場面3〉の要点を整理してみます。

① 宮地君はC衣料に対して、借入金の増額をお願いしています。目標

達成率が低いため、実績アップをねらって無理なお願いをしました。
② この「貸込み」という行為に対して、支店長は否定的な意見をもっています。「お客様第一」をモットーにしている銀行が、取引先に迷惑をかけるようなことをお願いし、強いることは、「お客様第一」のスローガンに反することであり、銀行として言っていることとやっていることが違うことになるからです。
③ 支店長が、貸込みを行うことで、C衣料の業績が悪化した場合のことを心配したところ、宮地君は不動産担保の取り分が十分あることを理由に、貸出の増額を図っても債権保全面で回収は心配ないと言っています。
④ この意見に対して、支店長は「担保があれば貸してもよい」という考え方に否定的です。
⑤ 支店長は、貸出先が望まない貸込みは本意ではないとして、C衣料に出向き、他行分担分を削って増額してくれたのであればお礼するが、困っていたら元の10百万円の申出金額に戻すと言いました。

講義のポイント

(1) 担保余力が十分にあれば銀行はその範囲内の金額であれば貸出をしてよいのでしょうか。上記場面で、宮地君は不動産担保の取り分が十分あることを理由に、貸出の増額を図っても債権回収については心配ないと言っています。そのように考える人は、仮に貸出先が倒産しても、担保を処分すれば貸出金の回収はできるという考えがあることから、貸出を行っても大丈夫と言っているのだと思います。

銀行が行う貸出業務は、貸出金が事業資金として使われ、それが売上げに結びつき利益を得ることで返済されるのが基本です。銀行の貸出はすべてが担保をとっているわけではありません。銀行は担保処分を前提にして貸出を行うのではありません。また、担保が十分にあるからといって銀行は貸出を必ず行うとは限りません。担保があるから貸すという考え方は、ある意味で

は質屋と同じ発想であるといえます。なぜならば、質屋は確実な質物があれば、その担保物を返済資源と見て貸してくれるからです。

　貸出業務における担保の徴求は、貸出先の信用度と貸出金の資金使途によって判断します。すでに述べてきたように、貸出業務では資金使途を検証し、返済原資が何であるかを見極めて貸出判断を行います。その返済原資から予定どおり返済されることが前提ですが、さまざまな事情や状況の変化によって予定どおり返済できなくなる場合があります。そのような想定外の場合が生じる場合に備えて、回収を確実に図るために担保をとります。

　また、担保余力が現時点で十分にあるからと思っていても、担保価額が大きく変動（減少）し、担保処分しても回収できなくなることもあります。バブルを知らない人たちには経験がないでしょうが、バブル崩壊によって株価はピーク時の4分の1以下に下がり、土地価格も東京都内では10分の1になった事例もあります。

　担保があるからといって、資金使途を問わずに貸してもよいという考え方は間違いです。そこが、銀行が質屋や貸金業者と異なる点です。

(2)　一方、銀行が担保を徴求することを批判する人がいます。あるいは、銀行は担保なしで貸して、リスクをとるべきだ、と主張する人がいます。このような声に対しては次のように答えてはいかがでしょうか。

　一つは、銀行は私企業であり、必要な収益をあげ、株主に配当し、事業を継続しなければいけません。銀行は自らの存続を図ることで、社会的責任を果たさなければいけません。倒産リスクが高いことを知りながら無担保で貸出を行い、損失を招くことは許されません。判例においても、「回収不能の危険性が少なくないと容易に予想されることができるにもかかわらず、十分な担保をとることなく融資を実行し、あるいはこれを知りながら放置するというようなことは、その裁量を逸脱した判断として、善管注意義務違反ないし忠実義務違反に当たるというべきである」という判断が示されています。

　もう一つは、前述したとおり、銀行の貸出業務は預金者から預かった預金を原資として行っています。預金者に対しては元利保証して払戻しに応じて

いることから、その運用資産としての貸出金において回収できない状況に陥ることは回避しなければいけません。そのためには、倒産リスクがある貸出において、リスクをカバーするための担保徴求は、銀行法の預金者保護につながるものと考えます。

(3) 上記事例は、もう一つの問題を提起しています。

C衣料にとって、貸込みで依頼された10百万円を借入しても、資金使途のあてはありません。売上げ・利益に結びつかない借入を、銀行が自らの都合を押し付けることで、C衣料は支払利息が増え、経常利益をマイナスさせることになります。銀行は、自らの収益目標達成のために、取引先に損をさせることになります。

あなたは、そのような行為についてどのように考えますか。銀行が利益を得るために、また自分が評価されることを目的に、貸出先に損を強いることに罪の意識はないのでしょうか。「銀行が自ら儲けるため、貸出先に損をさせることになっても気にならない」と思っているとしたら、筆者はそのように考える人の品性と人格を疑います。

(4) 「お客様第一」「お客様満足」をスローガンに掲げている銀行はたくさんあります。それを真の意味で実践しているでしょうか。目標達成のために"お願いベース"で頼み込む貸出業務をしていませんか。頼み込む貸出業務について、その意味を冷静に考えることなく、数字を伸ばすための習慣的方法として"これは常識"と言って、自らの行為を正当化していませんか。

「貸込み」という行為は、貸出先が必要としない金額を貸す＝借りていただくことです。世間では、無理な物品販売を「押し売り」と言っています。「押し売り」は、相手に買う意思がないのに、無理やり売りつける行為で、刑法第223条の強要罪に該当し、各地方自治体の迷惑防止条例でも刑事罰をもうけています。「押し売り」と似た行為である「貸込み」は、貸出先が被害届を出さないという根拠のない安心感で行っているかもしれませんが、貸出先にとって財務的には負債が増え、収益的には余計な支払利息を払うことになります。その負債金額が銀行の貸出資産として増え、その支払利息は銀

行の貸出金利息として利益になります。もし、貸出先が「借りる意思がないのに、無理やり貸込みされた」と訴えることになったら、銀行はどのように対処するのでしょうか。「そんなに無理して言ってはいない」という反論ですむでしょうか。それで収まるにしても、評判や信用は落とすことになると思います。

「貸込み」に限らず、「早割り」「早貸し」という行為の実態は、銀行が自ら収益欲しさに、取引先の利益を奪う行為といえます。奪うという言葉が刺激的であるならば、"お願いして頂戴する"と言い換えてもかまいません。それも複数の取引先から利益を頂戴する行為を恒常的に行っている銀行もあります。その行為についても、"(収益を得るための行為として) 常識"と認識し、貸出先に対して罪悪感を抱く人は少ないようです。これを「銀行の常識」と言うならば、「銀行の常識は世間の非常識」と言われるでしょう。

私が研修でこの話をすると、純粋な気持ちをもつ若手は理解してくれます。しかし、彼らの多くは「それが正論だと思うが、現場でそのような意見を言うことはできない」「うちの支店長は目標達成のためにそのような行為を行えと指示します」という意見が必ず出てきます。

現場における貸出業務OJTは、正しい考え方より、儲ける方法を教えているのでしょうか。本当にこれでいいのでしょうか。

4 真に貸出先の事業経営のために資するか

場面 4 渡辺君は担当しているD電器産業から、増加運転資金として10百万円の借入申出があり、申出どおり貸したいというメモを作成し支店長に回しました。

支店長：渡辺君、D電器産業の件だけど、増加運転資金が発生した理由

は何ですか。

渡辺君：理由といいますと……？

支店長：Ｄ電器産業の売上げはあまり伸びていないよね。ということは、増加運転資金が発生する理由は、売上げの増加によるものではなく、収支ズレの拡大によるものではないか。そこを確認したい。

渡辺君：え〜と。25年３月期と24年３月期の所要運転資金の増加が10百万円あるので、借入申出金額の10百万円は妥当と思いますが……。

支店長：２期の比較で増加運転資金が10百万円であることはわかった。しかし、売上げが伸びていないので、どの主要勘定が要因となって10百万円の増加運転資金が必要になったのかを知りたいので、「増加運転資金算出ワークシート」（注）を使ってみてほしい。

　　（注）「増加運転資金算出ワークシート」……拙著『事例に学ぶ貸出判断の勘所』（金融財政事情研究会・Ｐ82）参照。

渡辺君：はい。……「増加運転資金算出ワークシート」で計算したら、売上増加による資金需要はゼロで、在庫の増加を主因とする収支ズレの変化による資金需要が10百万円増えていました。

支店長：そうか。じゃ、どうする……。

渡辺君：どうするとは、どういうことですか。

支店長：増加運転資金は確かに10百万円であることは確認したが、それは売上増加によるものではなく、在庫が増えたことが要因であるとわかったのであれば、Ｄ電器産業の立場に立って、どのような方法がよいだろうかということを考えなくてはいけない。

渡辺君：それはＤ電器産業から10百万円の増加運転資金の借入申出があったので、それに応じることでよいのではないでしょうか。

支店長：渡辺君、売上げが伸びていない会社に借金を多くさせたら、返済は大変になると思わないか。在庫を減らすことができれば、借

入れしなくてもすむかもしれないし、借入金額も10百万円より少なくてすむかもしれない。

　銀行は貸すことだけを考えるのではなく、D電器産業の経営を考えたとき、どうすれば銀行として役に立つことができるかを考えることが大事だ。君は「貸すも親切、貸さぬも親切」という言葉を知っているか。

渡辺君：知りません。聞いたこともありません。

支店長：貸出の数字を伸ばすことだけを考えるのではなく、貸出先の事業経営にとって何が重要であるかということについて、経営者とともに考えることが重要だ。

　D電器産業にとって仕入したが売れず、在庫が増加して資金需要が発生した。この状況下で借入を増やすことは、金利負担や資金繰りが苦しくなるかもしれない。銀行としてまずやるべきことは、今回の資金需要は在庫増加が原因であることを先方に説明し、在庫を減らすことができれば、借入がいらなくなるかもしれないと説明することだ。銀行が販売先や販売ルートを紹介し、在庫処分に協力してあげることができればD電器産業は喜ぶと思うよ。在庫の中身について教えてもらい、当行の全支店の取引先を利用して、販売協力してくれる先はないか、安くてもそれを買ってくれる先はないか……ということで、在庫をさばくことができれば、D電器産業は10百万円の借入をしないですむことになるかもしれない。あるいは、借入金額が半分ですむかもしれない。そうなれば返済も楽になるはずだ。当行の貸出先で紹介できる先がないか考えて、まずは、D電器産業に在庫処分について当行の提案をもって行ってみよう。

渡辺君：わかりました。やってみます。

支店長：こういう提案を行うとD電器産業も喜んでくれるはずだ。仮に、在庫処分の話がうまくいかなかったにしても、このような提

> 案を行うことが当行に対する信頼につながってくると思うよ。借入の申出に応じるという判断は、その後でも間に合うはずだ。

この〈場面4〉の要点を整理してみます。

① 渡辺君は、D電器産業の増加運転資金10百万円の借入申出に応じたいという貸出メモを書きました。

② 支店長は、増加運転資金が発生する理由には、売上増加による場合と、収支ズレの拡大による場合があるとして、この10百万円の増加運転資金発生の要因分析を渡辺君に行わせました。その結果、この増加運転資金は在庫増加による収支ズレ拡大によるものと判明しました。

③ 在庫増加による資金需要が借入申出の原因になっていることを知った支店長は、売上不振の状況下で借入を増やすことは、経営上好ましくないとの考え方に立ち、当行の取引先ルートで在庫をさばくことができないかという可能性について、渡辺君に考えてみるよう指示しました。

④ 支店長は、銀行は貸出を増加させるだけでなく、「貸すも親切、貸さぬも親切」という言葉があることを渡辺君に教えました。

講義のポイント

(1) 「貸すも親切、貸さぬも親切」という言葉について、城南信用金庫の元理事長である故小原鐵五郎氏が同氏著『王道は足元にあり』(PHP研究所・昭和60年)で次のように書いています。

「金融機関は、ただお金を預かり、お金を貸して、その利ざやを稼いで儲けるところではない。(略) 企業を育てるというところに金融機関の価値があると思っている。したがって、お貸しする際、その金を使って相手が成功する見込みがあれば、多少担保不足だろうと無理をしてでも貸してよい。ところが、その反対に (略)、いくらいい担保があっても貸さないほうがいい。これを私は「貸すも親切、貸さぬも親切」というのである」(同書P44

〜45)

　昨今、銀行の貸出業務は、数的目標達成のために貸すことが目的化し、審査力が乏しく、リスク管理も十分にできていないにもかかわらず貸出を増やし、将来得るべき利益さえも先食いする銀行が見られるなか、「貸すも親切、貸さぬも親切」という言葉は貸出業務の本質をつく重みのある言葉であると思います。

　それは、貸出実行による数的目標を達成することが真の目的ではなく、銀行の良心が大事であるということを言い当てています。数字には表れないことですが、事業経営に資するアドバイス力が銀行の使命であるということを教えてくれます。また、貸出業務の真価は数字という外見的成果だけでは推し量れないことを教え、貸出先との間に信用・信頼という絆を強くすることに価値を見出し、貸出先に満足を与え喜ばれることに、仕事としてのやりがいと生きがいがあると考えます。

　多くの銀行は、数字に見える貸出残高増加を図るために、金利引下げ競争をしていますが、本来のあるべき姿は、金利引下げ競争によって貸出残高で勝つことではありません。貸出先へ提供する付加価値競争で勝つことのほうが重要であることを知るべきです。貸出先の事業経営にとって参考となる財務・法律知識や経営に資する情報を与え、他行に比べ付加価値提供の競争で優れている銀行と認めてくれるならば、金利が少しばかり高くても貸出先がその銀行に擦り寄ってくるはずです。

(2)　貸出業務は、貸出先に対して貸出を実行するだけでは、事業経営の付加価値を生むものではありません。貸出金が事業経営に回り、売上げ・利益となって事業の発展に資することで貸出金が生きてきます。銀行が貸出業務で果たすべき役割は、貸出先の事業発展に資金や情報を提供する黒子の存在であるべきです。時には、経営者の経営判断に対して、ブレーキをかけることもある冷静な意見を述べ、地味に堅実なアドバイスを行う非常勤役員の役割を担う意識が必要かと思います。

　上記事例において、支店長は在庫の処分を図ることが借入を少なくし、経

営に資すると考えました。そのように考えない支店長は、10百万円では目標達成に届かないことから20百万～30百万円を貸す行為に及ぶかもしれません。

　同じ場面に遭遇して、銀行によって、支店長・担当者によって、このように対応は異なります。同じ貸出業務であっても、成果や評価を得るために行う数字至上主義の人の仕事は「賎」になり、事例に登場する支店長の仕事は「貴」といえます。まさに、「貴賎の分かつところは行の善悪にあり」（注）といえます。貸出業務を自らの評価を得るため自己本位で行うことで、品性という大事なものを失うのか、それとも仕事を通して人格を磨き、品性の矜持を保つのか、それはあなた自身が決める生き方です。

（注）「貴賎の分かつところは行の善悪にあり」……"人の尊さや賎しさは、その人の行いの善悪により決定されるもので、身分や地位によって決まるものではない"という荘子の言葉。

第 2 節

貸出業務における
コンプライアンス意識

7 銀行法の法理を知る

> **場面 5**　奥本君は3月末を迎えるに際し、例年どおり、親密主力先のE産業に対して1億円の貸出を行いたいとする稟議書を作成し、支店長に回しました。

支店長：奥本君、E社に対するこの1億円の稟議は何？

奥本君：期末にお願いしている恒例の貸出です。

支店長：1億円を期末残高積上げの協力として借りてもらうということか。

奥本君：はい。

支店長：いままでの支店長がどういう理由でこういう貸出を行っていたかは知らないが、私はこのような貸出は行わない。この稟議書は取り下げてくれ。

奥本君：えっ！　E社には、期末残高を上げるために毎年協力してもらっています。

支店長：だから私はそういう行為はやらないと言っている。

奥本君：なぜやらないのですか。

支店長：君はE社にこういうお願いをすることをどう思っているのだ。

奥本君：銀行の期末残高を上げるため、毎年協力してもらっているので、特に問題はないと思いますが……。

支店長：君はこの貸出の本質は何であるか考えたことはあるか。これは当行が期末の貸出残高の数字を大きく見せるために、E産業に協力してくれということだぞ。これは粉飾の一種だ。
　貸出先が粉飾決算を行っているのを発見したら、社長に対して指摘して文句を言う銀行が、自ら粉飾決算を行うために、親しい貸出先に粉飾の協力依頼をお願いすることを、君は恥ずかしいと思わないのか。

奥本君：いままで、疑問ももたずにそうやってきたので……。これが期末残高を伸ばす方法の常識だと教えられてきましたし……。

支店長：数字をつくる方法として、これが常識と教えられてきたようだが、この行為を疑問に思ったことはないのか。

奥本君：前の支店でもやっていました。多くの店もこの方法でやっていると思いますし、私も上司先輩から教えられ、特に違和感なくやっていました。

支店長：奥村君、よく考えてごらん。貸出先が今期決算の売上げを大きく見せるために、翌期の売上げを前倒し・先取りして今期売上げに計上することは売上高の粉飾だよね。では、銀行が貸出残高を実力以上に大きく見せるために、資金需要もなく借入申出もないのに親しい取引先に借入をお願いして、貸出を実行し、来期になったら早めに返済してもよいという貸出は、期末残高を大きく見せる粉飾行為だよね。そうは思わないか。

奥本君：たしかに、そのように説明されれば、そう思います。

支店長：銀行が決算時に貸出残高を大きく見せるために下駄を履くような行為は明らかに粉飾です。法律に違反する行為ではないし、E産業も承知のうえで銀行からの依頼に応じてくれるのだから問題ではないと言う人がいるかもしれないが、大事なことは数字を虚

飾する行為を恥ずかしいと思わなくなる心だ。銀行員としての矜持を見失ったのか……と言いたい。

奥本君：でも多くの支店でこのようなことが行われていると思います。数字つくりのためには、この方法が"銀行の常識"と教えられてきました。

支店長：他の支店でやっている人も、これが粉飾行為であると思いつくことなく、数字を伸ばすための方法と教えられ、そのことを疑問に思うことなくやっているのだと思う。しかし、私はこういうことはやらない。

　これは、当行という狭い組織のなかにおける慣習であり、その慣習に逆らうと組織のはみ出し者とか、異端児として見られるかもしれないが、この常識が世間全般に通じる常識であるとは思えない。銀行という狭い組織のなかで、君が「これは粉飾ではないですか」と上司の指示に異論を唱えると、君は非常識で協調性がないとして仲間はずれにされるかもしれない。それが怖いから、言われたことには疑いなく従うということでいいのだろうか。

奥本君：支店長は若いときからそういう考えだったのですか。

支店長：若いときは、上司に言われたことに素直に従って、期末借入の依頼を行ったこともある。しかし、経験を積むうちに"これはおかしい"と感じ、この本質は粉飾ではないかと思うようになり、自らはやらなくなった。支店長になってからは、部下にもやらせないよう、このように理由を説明しているのだ。

奥本君：支店長の説明を聞くと納得します。でも、数字を上げられないのも困ると思いますが。

支店長：正しいやり方で一生懸命に精一杯努力しても、目標に届かない場合は仕方ない。目標未達の責任は支店長にある。実力がないにもかかわらず貸出先に迷惑をかけ、損をさせてまで、目標達成のために見せかけの数字をつくる行為は正しくないと考え、部下に

そのような行為はさせたくない。目標の達成を図るため恥ずかしい行為を部下に行わせることは、支店長として、自分自身を粉飾することであり、銀行の信用を落とす行為であると考える。また、人格の問題でもあり、恥ずかしい行為であると思っている。

奥本君：そうですね。よくわかりました。

支店長：銀行は、経済社会のなかでも、コンプライアンスが強く求められる存在だ。銀行は免許事業であり、銀行法にのっとり、健全かつ適切な運営を行わなければいけない。取引先に迷惑をかけ、損をさせてまで収益をあげる銀行の行為は、健全かつ適切な運営と言えるだろうか……と考えなくてはいけない。

奥本君：はい、わかりました。

支店長：君は「銀行法」を読んだことがあるか。

奥本君：いいえ

支店長：コンプライアンス（法令等の遵守）が大事であるというのであれば、銀行の業法である「銀行法」を知らなければいけない。全文を読む必要はないが、銀行法の法理は勉強しておくべきだ。

奥本君：はい、わかりました。

この〈場面5〉の要点を整理してみます。

① 銀行の決算である3月末を迎えるに際し、奥本君は例年どおり、E産業宛てに1億円の期末協力借入をお願いする貸出稟議書を作成しました。

② しかし、支店長は「これは実質的には粉飾決算のお願い」であると言い、稟議書の取下げを奥本君に命じました。

③ 当店では恒例として行ってきたが、支店長は過去がどうであれ、自分はこのような行為はいっさい行わないと明確に宣言しました。

④ 支店長は、数字が目標に未達であるとき、目標達成させるために、取引先に銀行の都合を押し付け、取引先に迷惑をかけ、損をさせる行

為はよくないと考えています。そのような行為は、自分の心を粉飾することであり、人格に係る問題としてとらえるべきと言っています。
⑤ 支店長は、銀行は「銀行法」にのっとり、「健全かつ適切な運営を行わなければいけない」と話し、奥本君に「銀行法」の法理を知ることが大事であることから同法を読むことを勧めました。

講義のポイント

(1) 銀行法は自らの基本理念を明らかにして、銀行行政および銀行経営の指針とするため、第1条に目的規定を設けています。その条文には、「この法律は、銀行の業務の公共性にかんがみ、信用を維持し、預金者等の保護を確保するとともに金融の円滑を図るため、銀行の業務の健全かつ適切な運営を期し、もつて国民経済の健全な発展に資することを目的とする」(銀行法第1条第1項) と書かれています。

銀行法の論理は、銀行の公共性に照らして、信用秩序の維持、預金者保護、金融の円滑、の三つの理念ないし目的を実現していくために銀行の業務の健全かつ適切な運営を期するとしています。

銀行の健全な経営とは預金者から預かった預金を安全確実に運用することにあります。銀行経営の健全性とは、預金者に対する責務を果たせるようにあらゆる事態を想定し、資産上の備えを十分図るなど万全の態勢を敷くことにあると考えます。

また、銀行法第1条第2項には次のような規定があります。「この法律の適用に当たつては、銀行の業務の運営についての自主的な努力を尊重するよう配慮しなければならない」。この「自主的な努力を尊重する」という意味は、銀行が利益を得るための活動に私企業としての自由競争を認めるものです。

銀行が遵守するべき銀行法第1条は、公共性(第1項)と私企業性(第2項)という一見相矛盾する二つの要請をいかに調整し、止揚(アウフヘーベン)(注)していくかが問われます。そのとき、銀行(銀行員)の行為が道徳

倫理に反することであってはならないことは自明です。

(注) 止揚（しよう）……二つの矛盾する概念を一段と高い概念に調和統一すること

(2) 銀行法の論理として、第1条第1項の条文に書かれている「銀行の業務の健全かつ適切な運営を期す」は、同条文の「信用の維持」「預金者保護」「金融の円滑」という三つの理念の実現を図ることとしています。

その「信用の維持」について、小山嘉昭著『詳解銀行法』（金融財政事情研究会・平成24年11月）は次のように書いています。

「銀行法の法理は法の運用・解釈等にあたり、常に「信用」ないし「信頼」の原点に立ち返ることを求めている。一般の人々の間で金融機関に対し「信頼するに足る」ないし「信頼できる」という感覚が常に培われている状態でなければならない」

銀行が自らの数的満足（収益、ボリューム）を得るために、親しい貸出先に無理なお願い（＝貸出先に損をさせる）をする行為は、一般の人々の感覚として、銀行に対し「信頼するに足る」ないし「信頼できる」行為として受けとめてくれるでしょうか。あなたは、今月の収入が少ないので、複数の親しい友人にお金を無心することを「常識」として行いますか。

銀行員としての矜持を捨てるような行為は、表面的な数字を伸ばすことができても、最も大事な信用を落としていることを知らなければいけません。

2 法律に違反していなければ

場面 6　山口君は、毎月の貸出案件について、本来の貸出実行日（貸出先が資金繰り上、資金を必要とする日）より1週間ないし2週間、前倒しして実行しています。

支店長：山口君、君は多くの貸出先に実行日の前倒しをお願いしていると聞いたが本当か。

山口君：はい本当です。

支店長：なぜそういうお願いをするの？

山口君：利息収入を増やすためです。平残アップにも寄与します。

支店長：それは収益目標を意識してやっているの？

山口君：はい、もちろんです。

支店長：収益目標に向かって頑張っている姿勢はわかる。だけど、その行為は、当行の利益になるけど貸出先に損してもらうことだよね。

山口君：損といっても、金額的には数千円の話ですよ。貸出先から文句を言われたことは一度もありません。貸出先に実行日の前倒しをお願いして、了解をもらってからやっています。

支店長：1社で数千円の話かもしれない。私は金額のことをいう前に、そういう行為は銀行に対する信頼を貶めることになると思っている。

山口君：1社で数千円程度でも、数多くの貸出先にお願いすれば1カ月で数十万円の収益アップになります。支店に与えられた収益目標を達成するためにやっています。銀行の収益アップのために行うことで、悪いこととは思いませんが……。

支店長：目標に向かって精一杯の努力を行うことは大事なことだ。しかし、そのために貸出先に迷惑をかけるような行為、あるいは当行の信用に傷がつくような行為は行うべきではない。

　　　　早貸し・早割りという行為は、貸出先に損をさせ（余計な支払利息）、銀行の利益を増やす行為だ。

山口君：支店長のおっしゃることはわかりますが、銀行も収益拡大を図るためにはいろいろとやらなければ目標は達成できませんよ。支店の業績を先頭に立って伸ばす支店長からそのように言われると

言葉がありません。別に法律違反をして儲けているわけでもありませんし。

支店長：山口君の論理は銀行の収益アップのための方法論・手段として、早割り・早貸しの正当性を主張するものだ。しかし大事なことで見逃している点は、お客様目線で考えていないことだ。自分目線でみれば早割り・早貸しは効果があるが、お客様はどうみているか考えたことはあるか？　お客様目線に立ってみるとき、早割り・早貸しを行う銀行と行わない銀行がある場合、お客様はどっちの銀行に行くだろうか。どっちの銀行を信頼するだろうか。また、法律に反していなければ何をやってもよいわけではない。法律に抵触していないにしても、自己の利益を得るため、他人（貸出先）に損失を求める行為を、私は人間として恥ずかしく思う。銀行員として、品性・品格を欠く行為であると考えている。
　　　私は支店長として、部下にそのような行為は行わせたくないからやめなさいと言っているのだ。これは命令だ。わかったね。

山口君：……。はい。

支店長：君は若いから「歩積み両建て預金」という言葉は知らないかもしれない。これについて京セラの稲盛名誉会長が自著に自らの考え方を書いているので、一度これを読むといい（注：後記）。

山口君：はい、わかりました。

（注）　稲盛和夫著『稲盛和夫の実学　経営と会計』（日本経済新聞社・平成10年）
　「昭和34年の京セラ創業時には銀行で手形を割り引くたびに、一定率の歩積み預金を行い、銀行に積み立てていくことが当然のことのように行われていた（〜中略〜）。
　社内で銀行のほうから申し入れがあった歩積み率の引き上げが話題になった際に、私はむしろ歩積みそのものがどうしても納得できないと考えて会議でその旨発言した。しかし、経理を担当する者をはじめ周囲からは、歩積みをするのは常識であって、それをおかしいというのは非常識きわまりないと

笑われて相手にもされなかったことがある。
　その後まもなく、このような歩積みや両建てという慣行は、銀行の実質収入を上げるための方便にすぎないと批判され、廃止された。これを見て私は、「いくら常識だといっても、道理からみておかしいと思ったことは、必ず最後にはおかしいと世間でも認められるようになる」と自信をもった。
（〜中略〜）
　私は常識とされていることをとにかく頭から否定すべきと言っているのではない。問題は、本来限定的にしかあてはまらない「常識」を、まるでつねに成立するものと勘違いして鵜呑みにしてしまうことである。このような「常識」にとらわれず、本質を見極め正しい判断を積み重ねていくことが、絶えず変化する経営環境の中では必要なのである」（同書P27〜29）

この〈場面6〉の要点を整理してみます。
① 山口君は、収益目標を意識して、貸出実行日を前倒しすることで、少しずつでも収益を確保することをしていました。
② これに対し、支店長は「自らの目標達成のために、貸出先に損をさせることはよくない」という意見で、「早貸し」「早割り」はやめることを宣言し、部下に指示しました。
③ 山口君は、貸出先に実行日の前倒しを依頼して了解を得ているし、金額的にも僅少であり、法律にも違反していないので、問題はないという認識を示します。
④ しかし、支店長は金額の多寡の問題ではなく、銀行が自己の利益を得るため、貸出先に損失を求める行為を恥ずかしく思い、法律に抵触していないにしても、銀行員として品性・品格を欠く行為はやめるべきという考えを示しました。
⑤ そして、昭和40年代に問題になり廃止された「歩積み両建て預金」について、京セラ稲盛名誉会長が自著に書いた意見を読むように、山口君に勧めました。

―――――――――――― 講義のポイント ――――――――――――

(1) コンプライアンスとは、法令等を遵守して業務を行うことをいいます。

「法令」とは、法律・政令・省令などを指し、「等」は各銀行で定める行内規程、手続などを指します。

　銀行は、本部が各組織、営業現場に対して、法令等の遵守を徹底するよう指示しています。この場合、上記事例で山口君が言っているように、法令等を守ればよいという考え方から、法令等に違反していなければ何をしてもかまわないという考え方でよいのでしょうか。それは間違いです。

　法令等は、社会的な要請やニーズがあってつくられますが、法令等は社会的な要請やニーズのすべてをカバーする内容にはなっていません。すべてをカバーするためには、想定できるあらゆる禁止事項を書かなければなりません。しかし、それを全部書かなくても、自己規律でやってよいことと、やってはいけないことを判断することが重要であり、そのような判断が求められるのです。銀行に勤める者として、社会の倫理規範に照らし合わせて、行うべきは確実に行い、行ってはならないことは法令等に触れていなくても行わない——という考え方をしっかりともたなくてはいけません。

　大事なことは、法令等の遵守だけが唯一の価値尺度・判断基準になってしまうと、法令等の背後にある社会的な要請やニーズが見えなくなってしまいます。言い換えれば、法令等に限定されない社会的倫理規範を遵守することがコンプライアンスの本質であるといえます。

(2) 〈場面6〉は、「早割り」「早貸し」を事例として取り上げました。ほかにも「貸込み」「期末残高増加のための借入協力依頼」等、現場では目標数値達成のため、これらのやり方を自ら「常識」と称して慣習的に行っている実態が見られます。これらの方法について筆者が疑問を道徳的・倫理的観点から指摘すると、これは取引先の合意を得て行い、法律に違反する行為ではないという主張を耳にします。また、だれからも文句を言われたことはないという声も聞きます。本当にそれでよいのでしょうか。

　銀行という組織は経済社会のなかに存在する「社会的機関」といえます。銀行は経済社会に貢献するために存在しています。銀行が行う行為は、故意であろうとなかろうと、経済社会に与える影響については責任があります。

「だれも問題にしていない」ということで言い訳することは許されません。過去の「歩積み両建て」の問題と同じく、遅かれ早かれ、"道理からみておかしい"という行為は、"銀行の横暴"として取り上げられ、排除される動きに発展するリスクがあるということを承知するべきと思います。道理にあわない行為を取り除くべく、問題を解決するための努力をしなかった責任は、信頼・信用の失墜という高い代償につながることを知るべきです。

⑶　上記の講義のポイントは、法令等に違反していないなら何をやってもかまわないという考え方を戒める視点から書きました。上記事例は、銀行員として求められる振る舞いの問題として考えなければいけないと思います。

　目標達成のため、数字を伸ばすため、前記上記事例を「常識」とする銀行本位の行為を見るとき、私は道徳の崩壊・モラルの喪失を感じます。銀行に勤め、貸出業務に携わる者には、数字づくりの才覚よりも、正しく誠実な生き方＝人格が問われると考えます。

　バブル期以降の銀行は、成果主義のもと、目標数値達成に向けた才に長け、弁が立つ実利実用型の人が評価されてきました。要領よく数値を伸ばす才が長けていれば、内的な規範や倫理基準をもたず、人間的な厚みや深みに欠けていても重用される傾向がありました。早割り・早貸し・貸込みはもちろん、私募債や通貨スワップという期間収益を今期収益に計上できる飛び道具を銀行都合で売り込み、数字づくりの才が評価される仕組みです。財務分析ができず、銀行取引約定書の条文を説明できなくても、数字さえ伸ばせば優秀であると評価する銀行では、真面目に基礎的な勉強を行い、部下後輩を指導する風潮は薄れています。

　貸出業務の本質である"貸出先の経営に資する"という意識は希薄になりつつあります。貸出先の事業内容に関心をもち、業界動向を見て貸出先の将来を考え、経営に役立つ情報（金利・為替・株価見通しや業界動向）や付加価値（法律・会計・労務等の制度変更の情報）を提供するという行動をとっている担当者はどれほどいるでしょうか。

　貸出業務を担当する者は、数字を伸ばす才や言い訳の弁が立つことで認め

られるのではなく、自らの哲学を基軸にした人格で評価されるべきと考えます。ひと言で言えば「人間として正しい生き方」を心がけることが求められます。貸出業務を遂行するに際して、偽りがあってはいけない、私心があってはいけない、わがままであってはいけない、驕りの心があってはいけない等の高潔な生き方を自分に課すことが大事です。

「人間として正しい生き方に努める」と言うと、道徳教育を受けるように堅苦しく思う人がいるかもしれませんが、決してむずかしいことではないのです。子供のときに親から教えてもらった当たり前の道徳心——ウソをつくな、正直であれ、人を騙したりいじめたりしてはいけない、欲張るな——そういう簡単な規範の意味をあらためて考え直し、それを遵守することが必要なのです。自宅で自分の子供に教えていることを、銀行では守らない大人がいますが、そういう人は自らの生き方を恥ずかしく感じていないのでしょうか。

3 与信規程と事務マニュアル

場面 7 神林君は、F精機の経常運転資金貸出（当座貸越極度30百万円・実残20百万円）の継続稟議を作成して、支店長に回しました。

支店長：神林君、F精機の業績はよくないということで、自己査定で「要注意先」にしたはずだよね。
神林君：はい、要注意先にしました。
支店長：だったら、当座貸越の極度を同額で継続していいの？
神林君：ダメでしたか。
支店長：担当者がその程度の認識じゃ困るな。昨年、融資企画部から

「当座貸越について」という通達が出ているだろ。
神林君：あっ、そういえばありましたね。
支店長：ありましたね〜では困る！　そこに何て書いてあるか確認してみろ。
神林君：はい（通達を確認する）。
支店長：どのように書いてある？　読んでみなさい。
神林君：はい。「当座貸越は内容良好先に限定して取り扱うべきものであり、業況・業態の変化に応じて当座貸越の減額・解除などを厳格に運用する」
支店長：そこは総論のところだ。極度継続時という箇所があるだろ。
神林君：はい、ありました。極度継続時の要注意先のところですね。「要注意先については極度額の妥当性や過去１年以内の実績を検証し、当行極度のほうが大きい場合はすみやかに減額・解除の手続を行う」と書いてあります。
支店長：そうなら、Ｆ精機は要注意先になったのだから、極度額の見直しをしなければいけないだろう。
神林君：そうですね。
支店長：神林君、当行が定めた規程・規則・通達の内容を遵守することもコンプライアンスの問題だということを肝に銘じておかなければいけないよ。したがって、規程・規則・通達の内容はしっかりと頭の中に入れておくこと、いいな。
神林君：すみませんでした。これからは注意します。

この〈場面６〉の要点を整理してみます。
① 神林君は要注意先になったＦ精機の経常運転資金貸出（当座貸越極度）の継続稟議を「同額継続」で作成して、支店長に回しました。
② 支店長から、融資企画部から「当座貸越について」の通達の存在について指摘されましたが、神林君は同通達の存在を知らなかったよう

です。
③　神林君が同通達を読むと、「要注意先については極度額の妥当性や過去1年以内の実績を検証し、当行極度のほうが大きい場合はすみやかに減額・解除の手続を行う」と書いてありました。
④　通達どおりに読むと、要注意先になったF精機に許容している当座貸越極度額を見直し、減額交渉する必要性も出てきました。
⑤　支店長から、規程・規則・通達の内容を遵守することもコンプライアンスの問題だと指導され、神林君は認識を新たに「今後注意します」と答えました。

講義のポイント

(1)　前〈場面6〉の講義において、"コンプライアンスとは、法令等を遵守して業務を行うことを言います。「法令」とは、法律・政令・省令などを指し、「等」は各銀行で定める行内規程、手続などを指します。"と書きました。したがって、それぞれの銀行が定める行内の規程・規則・手続（マニュアル）・通達の類を守ることもコンプライアンスの問題です。

　多くの銀行は、ディスクロージャーでコンプライアンスを遵守する体制整備について書き記しています。

　たとえば、次のように記されています。

　「当行にとってお客さまとの「信頼」「信用」が最大の財産であるとの認識のもと、コンプライアンスを経営の最重要課題としてとらえ、頭取を委員長とするコンプライアンス委員会の設置や、各営業店および本部各部にコンプライアンス責任者としてチーフコンプライアンス・オフィサー（部店長）を配置しております。（中略）

　また、コンプライアンス基本方針や行動規範、遵守すべき法令等の留意点をまとめたコンプライアンス・マニュアルを全行員に配付し、コンプライアンスの周知徹底に努めております」

　しかし、実際のコンプライアンス遵守状況はどうでしょうか。

貸出業務に関する規程・規則・手続（マニュアル）・通達の類をしっかり守っているといえる人はどれほどいるでしょうか。遵守しているつもりだが、実際は遵守できていないという人が多いと思います。
　以下に、某金融機関が定めたクレジットポリシーの中にある『与信判断プロセス』の一部を抜粋しますので、自らの行動と照らし合わせて、規定どおりに貸出を行っているか、セルフチェックをしてみてください。

① 企業環境の分析……業界の動向を決定する政治的・社会的・経済的要因という環境分析を十分に行う。

② 財務内容、経営状況の検討……財務分析による定量面の検討と、経営者の能力、業歴、技術力等定性面の検討をあわせ行い、総合的に判断する。

③ 総合的な実態把握……子会社等の業況やグループ間の資金移動に留意し、連結・時価ベースで検討する。また、オフバランスや粉飾決算による簿外債務等についても検討する。

④ 資金使途、申出金額の妥当性……資金使途の内容を確認し、借入申出金額の必要性・妥当性を十分検討する。

⑤ 与信期間の検討……資金使途、返済原資、返済方法と整合性がとれた与信期間が設定されているか検討する。

⑥ 債務償還能力の検討……返済原資は事業収益により生み出される営業キャッシュフローによることが原則であり、資産価値や親会社の支援等は補完的なものと位置づける必要がある。

⑦ 債権保全の検討……万一与信先が倒産等の理由で返済できなくなったときに備え、債権保全のために必要な適格な担保、保証を徴求することを検討する。

⑧ 適用金利の検討……適用金利は、調達コスト、事務コスト、信用コスト、与信条件、金融情勢等を総合的に検討のうえ決定する。

　資金使途の確認、貸出先の実態把握、貸出金額の妥当性、金利水準などについて、上記のような検討をしっかり行っているでしょうか。このように行

内規程を遵守することもコンプライアンスで大切なことです。しかし、私が行う研修終了後のアンケートには、「コンプラ違反を行ってまで目標達成のために貸出しなければいけないことに疑問を感じます」という意見が寄せられる実態があることも事実です。

⑵　バーゼル銀行監督委員会が平成17年４月に公表した「コンプライアンスおよび銀行のコンプライアンス機能」のペーパー（注）には、「正直さと誠実さ」という言葉が書かれています。

（注）　バーゼル銀行監督委員会が平成17年４月に発表した「コンプライアンスおよび銀行のコンプライアンス機能」の「はじめに」から抜粋。
　　　2．コンプライアンスはトップから始まる。コンプライアンスは、正直さと誠実さの基準が重視され、取締役会と上級管理職が範を示すような企業文化において最も効力を発揮する。コンプライアンスは銀行内の全ての人々に関わる問題であり、銀行の業務活動の不可欠な一部とみなされるべきである。銀行は、業務の遂行に際して自らに高い基準を課し、法律の文言のみならずその精神を遵守するよう常に努力すべきである。

　そもそも「法令等（規程・規則を含む）」はだれから言われるまでもなく遵守するべきものです。それをコンプライアンスという言葉で指示、管理しなければいけないのは、現状の実態が遵守されていないから"遵守しよう""遵守しなければいけない"ということになったのでしょうか。銀行が綱紀粛正に努めるということを発信し、それを実施するための管理体制まで敷かなければいけない現状があるとすれば、銀行員のモラルは落ちたと言わざるをえません。

　私は、銀行がコンプライアンスマニュアルをつくり行員に配付したり、行員の行動を管理する組織的仕組みを構築する前に、行員一人ひとりに「誠実さ」（インテグリティ）を求める教育的指導を図ることのほうが重要であると思います。「インテグリティ」の本来的な意味は、言うことと行うことが一貫してブレがないということですが、貸出判断を行う軸を支える基礎的な勉強さえもできていない銀行員には言行不一致の場面が見られることも事実です。

銀行は経済社会において本来は信頼される側の存在でなければならないと考えます。しかし、収益至上主義・成果主義のもとで、自分第一・自分満足で貸出業務を行う者に「誠実さ」（インテグリティ）は見られません。自分を律することができず、貸出先を裏切る誘惑に駆られているように見えます。裏切るという言葉がきつければ、銀行を信用している貸出先に甘え、自分にとって都合がよい理屈で「これくらいのことなら許容してくれるだろう」という勝手な論理で、自分の行為を正当化して、貸出先に甘えているのです。
　銀行は、バブル崩壊で不良債権を多く抱え、その処理に必要な収益を何としてでも稼がなければならない背景が収益至上主義に走らせたのか、理由は定かではありませんが、銀行は絶対に手をつけてはいけないところに手をつけてしまったのです。銀行が「手をつけてはいけないところ」とは、貸出先・経済社会からの信用・信頼ということです。銀行が収益上乗せ目的で行っている「早割り・早貸し」「貸込み」「期末協力借入依頼」等の行為は、「顧客第一」「顧客満足」として掲げているスローガンが「銀行第一」「銀行満足」にすり替わり、言っていることとやっていることが違っています。そのような行為を疑問に感じることなく、数的目標を達成することが評価を得るために必要であるとしか思っていない貸出担当者には、人間としての「誠実さ」（インテグリティ）は感じられません。「誠実さ」（インテグリティ）が失われた銀行は、間違いなく信用と信頼を失くしていくでしょう。
　経営者や支店長が「収益目標は絶対に達成しなければいけない」という檄を飛ばすと、部下は「収益をあげるためにはコンプラ違反も仕方ない」という発想に進んでいきます。なぜなら、経営者や支店長というトップが目標達成を強く言えば言うほど、部下は「ルール破りしてもかまわない」「ルールの抜け道や隙はないか」というように考え、方法論の是非より数字の多寡で評価される仕組みになっていることを知っているからです。数字の積上げに成功すると、それがコンプライアンスに抵触する行為であっても、「皆で渡れば怖くない」と考える人が徐々に増えていき、ついには銀行全体がその方法を容認するようになります。そして最後には、多くの者のコンプライアン

ス意識が麻痺し、最後には「コンプライアンス違反が怖くて仕事ができるか」というところまで行き着きます。そうすると経営者・支店長から出てくる言葉は「業績をあげるためには"清濁併せ呑む"ことも必要だ」ということになるのです。

極論すると「数字が人格」「結果がすべて」「言い訳はいらない」ということで、収益至上主義・成果主義で数字を伸ばした人が優秀であると評価されるようになります。そういう環境下に置かれると、数字目的のためにアクセルを踏み続ける貸出業務を行うようになります。そしてスピードをアップすればするほど、視野が狭くなり、周りが見えなくなり、私の講義も耳に入らなくなります。私の講義を聞いても、「理想と建前をきれいごとで話しても収益はあがらない。現実はそんなに甘くない」として聞き流すようになります。

そういう人たちに勧める本があります。吉田満著「戦艦大和ノ最期」(『吉田満著作集』上巻・文藝春秋刊)に次のような場面があります。戦艦大和が片道燃料で沖縄特攻に出向くとき、無謀な作戦であり、無理な出撃であるとわかっていながら、国のためという大義が重んじられる空気のなか、臼淵大尉が「進歩ノナイ者ハ決シテ勝タナイ、負ケテ目ザメルコトガ最上ノ道ダ」と言います。要するに、最悪の事態に至らないと目が覚めない＝信用と信頼を失ってから「困った・どうしよう」と本気に考え始めても手遅れになるということを、いま、知らなければいけません。

第 3 節

貸出業務の基本原則

7 貸出業務の要諦は債権保全

> 場面 8　外訪から帰店した支店長が、「レストランG」を担当している西川君を呼び寄せました。

支店長：西川君、昼時に「レストランG」の前を通ったが、店内はガラガラでお客はほとんどいなかったけれど、大丈夫か。あそこの業績はどうなっている。

西川君：「レストランG」は2月決算ですが赤字にはなっていませんでした。

支店長：月商ヒアリングで、月商に目立った変化はないか。

西川君：すみません、最近、月商ヒアリングをやっていません。

支店長：ダメだぞ。現金商売の取引先の月商管理は大事だ。どのくらいサボっていたのだ。

西川君：半年くらい……。

支店長：半年間も月商ヒアリングをしていないのか。たまには昼時に訪問して、ランチでも食べてきたら……。味や値段を見て、お客さんの入り具合を見るのも仕事だと思って……。

　　　　レストランは経常利益が黒字であるからといって安心してはい

けない。決算分析とは別に、レストランの場合はFL比率を見なければいけない。FL比率は知っているか。

西川君：いいえ、知りません。

支店長：決算書をもってきなさい。
　　　　商品原価と人件費の合計額が売上げの何％を占めているか、計算してごらん。……何％になっている？

西川君：平成25年２月期で計算すると71％になります。

支店長：71％‼　それは大変だ。その前の期はどうだ？

西川君：え～と、平成24年２月期は67％、23年２月期は65％……です。

支店長：FL比率は悪化しているな。FL比率が70％を超すということは、経営のやり方を抜本的に見直さないと、危険な状態に陥ることになる。

西川君：つぶれますか？　「レストランＧ」は前期に他行肩代りした先で、取引開始してまだ１年未満です。甲銀行から設備資金約50百万円を肩代りし、それで当店は前期の貸出増加目標を達成しました。

支店長：目標達成するためといっても、倒産するリスクがある案件を肩代りすることはないだろうに……。「レストランＧ」に対する与信引当状況はどうなっている？

西川君：平成25年２月時点の貸出は設備資金約50百万円で、引当はレストランがあるところの土地と建物に根抵当権60百万円をつけています。

支店長：不動産の時価取分はどのくらい？

西川君：せいぜい40百万円かと思います。

支店長：倒産したら実損が出るな……。西川君、月商ヒアリングは必ず行うこと。サボっていた６カ月間の数字もちゃんと聞きなさい。そして、資金繰り表をつくってもらいないさい。月商ヒアリングを必ず行い、資金繰り表で売上げと支払のチェックを管理しなけ

> ればいけない。それと、社長の自宅不動産の登記簿謄本を見て、追加担保にとれないか、その他資産についても洗い出してくれ。急いでやってほしい。いいね。
>
> 西川君：はい、わかりました。

この〈場面8〉の要点を整理してみます。

① 支店長は外訪時に貸出先である「レストランG」の前を通ったところ、お客様が少なく閑散としていたので、担当の西川君を呼びました。

② 西川君は、同社は直近決算で黒字であったので、特段心配していなかったようです。月商ヒアリングも半年間行っていませんでした。

③ 支店長は、レストランの経営状態は決算分析とは別にFL比率で診断することが大事だと言いましたが、西川君はFL比率分析のことは知りませんでした。

④ あらためて西川君が「レストランG」のFL比率を計算したところ、65％、67％、そして直近は71％になっていました。支店長は、FL比率が70％を超すということは、経営を抜本的に見直さなければ、倒産する危険な状態に陥る懸念もあるといいました。

⑤ 西川君によると、「レストランG」は前期に甲銀行から設備資金約50百万円を肩代りした先で、取引開始して1年未満の貸出先です。

⑥ 当店はこの肩代りによって前期の貸出増加目標を達成しました。支店長は、目標達成のためとはいえ、リスクが大きい肩代りを行ったと思っているようです。

⑦ 支店長は業績の実態把握をするために資金繰り表の作成を命じるとともに、また万一の場合に備えて、債権保全を図るべく、代表者の自宅不動産の登記簿謄本を見させ、かつその他の資産の洗い出しも命じました。

講義のポイント

⑴　支店の貸出増加目標達成のために他行貸出先の全額肩代りを行いました。肩代りした案件は、レストラン宛ての設備資金約50百万円です。経常利益が黒字であること、不動産に対する根抵当権設定金額が60百万円であることに安心してか、他行肩代りを行い一挙に主力になりました。

　貸出業務で最も重要なこと（＝貸出業務の要諦）は「債権保全」です。本部から与えられた増加目標数値を達成するために、債権保全という意識を忘れて、リスクがあり不良債権になる可能性が大きい貸出を行うことは感心しません。

　銀行の貸出業務は健全な資産を積み上げることが重要です。表面的な数字の積上げのために質の悪い貸出を行うと、後から不良債権になって、収益のみならず銀行経営にも悪影響を与えることになるかもしれません。

⑵　債権保全の意識をもって行う貸出業務は、「サウンドバンキング」を目指す経営といえます。

　貸出業務における債権保全に対する意識は、次の三つの場面において発揮しなければいけません。第一は、借入申出に向き合うとき、資金使途と返済原資の確認、および返済方法についてしっかりと検証を行い、正しい貸出判断を行うことです。第二は、当該貸出の期限に返済を受けるまでの期間、貸出先の実態把握と業績動向のチェックを確実に行うことです。第三は、貸出の実行が決まってから返済を受けるまでに行うべき貸出事務はマニュアルどおりに忠実に行うことです。

　債権保全を図るということは、貸出先が万一倒産しても実損を出さない、あるいは引っ掛かり金額を最小限に食い止めるということにほかなりません。要は、損失を出さない、損失額を最小限に抑える貸出業務を行うことが、健全な銀行経営（サウンドバンキング）につながるということです。そういう意識をもって"真っ当な貸出業務を行う"ことが大事なのです。損失につながるリスクがあることを承知で、あるいはリスクの存在と影響につい

て考えることなく、数字の積上げを優先する貸出業務は行ってはいけません。

(3) 支店長は、レストラン経営の実態把握をする際に、FL比率という考え方を持ち出しました。FL比率とは、飲食店の損益状態を見る指標といえます。Fとはfoodのことであり、Lとはlaborの頭文字です。F＝原材料費、L＝人件費を表します。具体的には、「(原材料費＋人件費)÷売上高」の式でその比率をもって飲食店の経営状況を次のとおり判断します。

FL比率	経営状態
50%以下	売上げは十分確保され、優れた経営状態。
50～55%	原材料費、人件費とも良好に管理され、経営状態も比較的レベルが高い
55～60%	普通レベルの経営状態
60～65%	原材料費、人件費の管理は努力しているが、売上げが伴わない状態
65～70%	バランスが崩れ、経営は厳しい状況
70%以上	経営は成り立たない。抜本的な経営改革が必要な状況

(4) このレストラン宛貸出の債権保全対策のポイントは二つあります。

　一つは、動態的実態把握を行い、債権管理を励行することです。現金商売している場合は、月商ヒアリングは有効な方法となります。月商ヒアリングを行うことで、前年同期間との売上げの比較ができます。また資金繰りについても把握できます。

　もう一つは、不動産担保の時価と取り分を再確認することです。不動産担保については、必ず担当者が現地に行き確認すること、そして直近の登記簿謄本を見ることが大事です。また、担保不足の場合を考え、必要に応じて、代表者の自宅等々、他の資産の洗い出しも行うべきと思います。

2 安全性・収益性・成長性・公共性の原則

> **場面 9**　H繊維工業から機械更新のための設備資金借入20百万円の申出があり、担当の中田君が稟議書を作成しました。

支店長：中田君、H繊維工業は主に学生服をつくっているところだよね。この設備資金は縫製設備を新しくするというものかな。

中田君：同社は男子の学生服だけではなく、女子用も含めた制服をつくっています。縫製はミシンでやっています。今回新しい機械に替えるのは、自動延反機と自動裁断機の2台です。

支店長：裁断機や延反機というのはどういう機械なの。

中田君：自動延反機というのは生地をゆがませることなく、次の工程のカットエリアに移動させる機械です。自動裁断機は表生地・裏地・芯地を同時に効率よく裁断する機械です。特に、今度の自動裁断機はコンピュータで制御されたCAMシステムによって、いままでより格段に効率よく裁断ができるようになるとうかがいました。

支店長：よく勉強しているね。

中田君：先月工場にうかがい、工程を見学させていただきました。

支店長：ところで、この事業計画と返済計画は検証してみたか。

中田君：同社から提出してもらった計画ですが……。

支店長：期間は10年だよね。10年後の同社はどうなっているかな!?

中田君：どうなっているか……ですか。倒産する可能性ですか。

支店長：そういうことではなく、……、少子化が進んでいくと生徒数は減るから学生服に対する需要は落ち込むよね。同社の将来性はどうだろうか。この計画どおりに売上げは見込めるのか。

中田君：たしかに少子化の影響はあると思います。しかし、カジュアルウエアと異なる点は、制服は流行に左右されないこと、一方、制服の更新という新規の需要もあります。また、学生服や制服は納期が2～4月に集中するため、まだ国内生産が中心です。

支店長：いま、日本の繊維産業は衰退しているよね。これに少子化の影響がどのようになるかが心配だ。ただ、計画を見ると、売上げの伸びに無理は見られないし、金利は標準にプラスアルファを載せ、返済金額もキャッシュフロー範囲内で、引当も確保しているから、リスクは少ないと見て、相応の支援は行おう。

中田君：確かに、学生服・制服の国内生産市場は縮小傾向にあると思います。しかし、同社の場合、自己資本比率が50％以上あり、引当も確保しており、長年の主力先でもあり、支援したいと思います。

支店長：そうだね。今後も同社に役立つ情報や付加価値を与える努力をしてほしい。それから、海外生産に関する事情についても、先方から質問される前に情報提供したり、先方の考えも前広に聞き出すよう頑張ってくれ。

中田君：はい、わかりました。

この〈場面9〉の要点を整理してみます。

① H繊維工業は学生服・制服を製造するメーカーです。今般、機械更新の設備資金借入の申出に接しました。

② 国内は少子化の流れにあり、生徒数の減少が売上げの減少につながることを支店長は心配しています。

③ しかし、H繊維工業の事業計画・返済計画に無理は見られず、また自己資本比率や引当確保の事情を勘案し、今回の設備資金借入には応じることにしました。

④ 支店長は中田君に対し、引き続き、情報提供に努めるように指示し

ています。

講義のポイント

(1) 銀行は私企業として営利を目的とします。その収益の柱となるのは、貸出業務から得る貸出金利息であることは、本章第1節で述べました。しかし、収益確保のために行った貸出業務が損失や不良債権を生じることになると、銀行の経営は悪化します。このことから、銀行の貸出業務においては、収益性の原則と安全性の原則に配慮した貸出業務の運営を図る必要性があります。数的目標達成が目的化して、安全性への配慮を欠いた（＝リスク管理不在の判断）貸出を行ってはいけません。

　銀行の貸出業務は収益性と安全性の原則が満たされるだけではいけません。銀行は貸出業務によって、銀行自身の成長・発展をもたらさなければなりません。これを成長性の原則といいます。成長性の原則は、別の見方をすれば、貸出先の育成および優良企業との取引拡大・発展によって確保されることを意味します。さらに、銀行には他の事業会社とは異なり、公共性の原則というものがあります。貸出業務は預金者から預かった預金（預金者の財産）を原資としていることから、その預金を使って銀行が無謀な貸出業務を勝手に行うことを当局がチェックする（資産査定）ということを、銀行法では「預金者保護」という言葉でうたっています。これを公共性の原則と言います。

　銀行は、私企業性と公共性という一見矛盾するような命題をいかに調整して止揚（アウフヘーベン）していくかが常に問われているのです。

(2) 貸出業務を遂行するうえでは、収益性の原則・安全性の原則・成長性の原則・公共性の原則という四つの基本原則を意識し、遵守することが求められます。この四つの基本原則は、貸出業務において普遍的に適用されるべきものです。

　しかし、現実の貸出業務を見るとき、この四つの原則を常に正確に遵守できていない行動も現実に存在します。逆に、この原則を遵守していれば問題

ないかと問われれば、それも十分とは言えないと思います。

　貸出業務に携わる担当者として重要なことは、四つの基本原則の考え方を確実に身につけて行動することです。四つの原則に一つひとつ照らし合わせて判断するということではなく、貸出業務に携わる担当者は、自己規律としての倫理規範を軸にして「行う・行わない」を判断し、「行うべきことは確実に行う」ことが求められているのです。そこには、安全に配慮しながらも、リスクをとるという判断もありえます。また、収益性が低い貸出であるが実行することもありえます。

　その際、注意して心すべきことは、自己規律としての倫理規範を軸に判断するということです。その軸をもたない者が、安易に「政策判断」という言葉を利用して、数字・目標のために猛進することは厳に戒めなければいけません。

(3)　上記〈事例9〉の貸出案件を四つの基本原則から見てみます。

　　自己資本比率と引当状況は安全性の問題、標準金利＋αの金利水準を適用することは収益性の問題、効率性が高くなる機械の導入（入替え）は貸出先の成長性の問題、そして長年の取引先であるH繊維工業に対する貸出は"金融の円滑"という観点からの公共性の問題といえます。一方、少子化という社会的問題点が業績の先行きに懸念あることも考えています。これは、ある意味においてリスクテイクする判断といえます。

　現実の貸出業務においては、この四つの基本原則を正確に遵守している案件ばかりとは限りません。経済社会の変化とともに、この四つの基本原則のもつ意義、重要性にも変化が生じていると見なければいけません。

　そして、貸出案件について四つの基本原則を照らし合わせるとき、それぞれの原則の重要性は等質的と考えるべきです。一方、それぞれの貸出案件においてはその重要性のウェイトが異なっていても然るべきと思います。

(4)　大事なことは、貸出判断に際してこの四つの基本原則を意識し、遵守する心です。かつて、バブル時代に行った銀行の貸出業務において、結果的に多額の不良債権問題を引き起こした事実を省みるとき、安全性や公共性に対

する配慮が欠け、収益性だけの追求の貸出ではなかったかといえます。

銀行の貸出業務は、この四つの基本原則を軸にして、節度と良識ある貸出を行わなければいけません。このことは必然的に道徳・倫理に反することなく、コンプライアンス経営の実践につながると考えます。

3 反社会的勢力と公序良俗に抵触する貸出は回避

> **場面 10** 今般、法人新規班の和田君は、Ｉ書房と取引開始したいとする、運転資金10百万円の貸出メモを支店長に回しました。
>
> 支店長：和田君、この会社の業績は好調だね。5年連続して増収増益のようだが、どういう本をつくっているの？
> 和田君：それが……。
> 支店長：どういうジャンルの本が多いの？
> 和田君：それが……、成人向けの写真集がメインです。
> 支店長：成人向け!? というのは未成年が見てはいけない本ということ。それは感心しないね。いくら儲かっている会社でも、そういう会社との取引は積極的にはやりたくないな。
> 和田君：私もいったんは躊躇しました。しかし、考えてみたのですが、貸す相手として見た場合、財務内容的には安定して、利益も確保していて、安全性には問題がないので、貸出を行いたいと思いました。
> 支店長：貸出先としては、安全性や収益性に問題はないかもしれない。しかし、公序良俗に反するような事業内容の会社に貸出を行うことは回避すべきであると思う。

和田君：公序良俗とは何ですか。

支店長：民法第90条に「公序良俗違反」という条文がある。「公の秩序又は善良の風俗に反する事項を目的とする法律行為は、無効とする」という法律だ。

和田君：未成年に見せることのできない本を出版することが法律違反ですか。

支店長：法律違反ではない。法律には違反していないが、この会社のメインとなる商品が未成年に見せられない写真集というのでは、社会の一般的通念というか道徳的観念として、決して好ましい会社と言えないだろう。そういう会社に貸出取引を行うことはいかがかと考えなくてはいけない。

和田君：……というのは、どういうことですか。

支店長：この会社に貸出を行うことは法律違反ではない。しかし、私の考え方は、この会社は当行の取引先としてふさわしくないということだ。貸すか貸さないかは、安全性や収益性だけでなく、貸し手のモラルも問われる。たとえば、住宅地の中や、小中学校の通学路にラブホテルを建てるという設備資金の申出に対し、財務内容に問題がないからといって、私としては、そういう事業内容の会社と取引はしたくない。

和田君：たとえば、ほかにはどういう場合が考えられますか。

支店長：反社会的勢力に対する貸出はもちろん、反社会的勢力に通じているフロント企業に対する取引は行ってはならない。また、いわゆる社会的な標準目線で見た場合、性風俗特殊営業といわれる業態の企業は一般的な道徳・倫理観に照らし、望ましいとはいえない事業内容と思われ、私はそのような会社に貸出することは回避すべきと考える。

和田君：むずかしいですね。

支店長：むずかしいというより、その判断には決裁する専決権限者の主

観が入る。法律に明確に反していない先であれば、収益を稼ぐた
　　　めには貸すという考え方をもつ人もいるが、私はそういう会社に
　　　は貸さないという考え方をもっているということだ。
和田君：どうしたらよいのですか。
支店長：基本は、専決権限がある者が責任をもって判断するということ
　　　にほかならない。私は、貸出に携わる者がどのような判断を行う
　　　かは、結局はその人の人格に帰結すると考えている。
和田君：儲けることより、道徳・倫理観で判断することも大事であると
　　　いう支店長の考え方はよくわかりました。

この〈場面10〉の要点を整理してみます。
　① 和田君は新規貸出先として、Ｉ書房に対して運転資金10百万円の貸出を行いたいとするメモを支店長に回しました。
　② 支店長は、Ｉ書房の業績面には問題はないが、出版社としてつくっている本の内容が未成年に見せることのできない不適切なものがメインであると聞き、貸出判断を躊躇しました。その理由は、公序良俗に反するような事業内容の会社と取引したくないというものです。
　③ 和田君が、公序良俗に反する貸出について質問すると、支店長は法律に違反していなくても、社会一般的な道徳・倫理観に照らし合わせて好ましいとはいえない会社との貸出取引は消極的であるという自らの考え方を話しました。
　④ また、支店長は、貸出判断には専決権限者のモラル・主観が反映されるとして、判断結果にはその人の人格に帰結するという考え方を述べています。この案件に対して、YESという判断を下す人もあるし、NOという判断を行う人もいるとしながらも、専決権限がある者が責任をもって判断するという考え方を示しました。

講義のポイント

(1) 反社会的勢力とは、具体的には暴力団、暴力団員、暴力団関係企業（フロント企業、企業舎弟）、暴力団と密接な関係が疑われる者、総会屋、暴力行為等の反社会的行為や違法行為を行う者を指します。

近年、暴力団等が組織の実態を隠蔽し、一般企業を装って事業活動を行っているケースがあります。銀行が取引の相手方が反社会的勢力であると知らずに貸出取引を行うことは危険です。

こうした動きを受けて、政府は平成19年6月19日付で、「企業が反社会的勢力による被害を防止するための指針について」（犯罪対策閣僚会議幹事会申合せ）を公表、そして平成20年11月25日に全銀協は「銀行取引約定書に盛り込む場合の暴力団排除条項の参考例について」を発表し、すべての銀行は反社会的勢力との融資取引関係を遮断する取組みを強化する旨の申し合わせを行っています。

(2) 「公序良俗」とは法的に「公の秩序、善良な風俗」を指し示します。しかしこの「公序良俗」はやや漠然とした表現で、具体的な内容や事実の指摘については時の流れにより移り変わるという「絶対的規定のできない」存在です。

たとえば、刑法第175条にわいせつ物頒布等の罪が規定されています。内容はそのとおりわいせつな文書、図画等を頒布したり販売したりする行為を罰するものですが、このとき「何がわいせつか」という、また不確定な要素が発生します。判例では「徒に性欲を興奮又は刺激せしめ、且つ普通人の正常な性的羞恥心を害し、善良な性的道義概念に反するもの」というわいせつの規定がありますが、それぞれの文書、写真等についてわいせつか否かは、一般社会の社会通念に照らした公序良俗をふまえ裁判所が判断するとされています。

上記〈場面10〉のⅠ書房がつくる写真集は、現実に流通し販売されている事実から、刑法第175条が適用されるわいせつ性はないと思われます。公序

良俗はその内容が社会通念の変化とともに変わりながら、その時その時の社会を安寧に保つ「公の秩序、善良な風俗」であると裁判所が個々のケースで判断する結果ともいえると思われます。

　したがって、公序良俗に反するという考え方については、個々人においても許容する幅があり、主観が入ることも事実です。一律的な規定がないからといって、銀行はどんな事業内容、企業相手でも貸出を行ってよいかと問われます。その際に、自己規律に基づく倫理規範を判断の軸としてもっていなければいけません。

⑶　銀行が私企業であることを考えると、貸出判断においても自由度の高さが必要であると思います。一方、銀行の公共性を考えると、その行動を放任しておくわけにはいかない側面があることも事実です。

　前記〈場面9〉の講義のポイントで、「銀行は、私企業性と公共性という一見矛盾するような命題をいかに調整して止揚（アウフヘーベン）していくかが常に問われている」と書きました。行政が定めるルールは最後の一線であると考えると、法律が最小限のことしか決めていない中で自由度の高さを確保するためには、法律に書いていないことでも社会通念上の良識という尺度で判断することができなければいけないと考えます。

　貸出業務に携わる者は、法律の義務づけの有無や禁止の有無と関係なく判断することができる状態を自らに確保していなければいけないと考えます。

第4節

貸出担当者の心構え

1 健全な懐疑心をもって自ら考える

> **場面 11** 山田君は、担当するＪ工業宛増加運転資金20百万円の稟議書を書き、支店長に回しました。

支店長：取引先要項には自動車部品の製造と書いてあるが、具体的には何をつくっているの？

山田君：自動車部品のボディシーリングといわれるものをつくって、Ａ自動車の一次下請け業者に納めています。

支店長：ボディシーリングというのは具体的には何。

山田君：ウェザーストリップというものが主なものです。

支店長：ウェザーストリップというのは自動車の窓に使われているゴムのあれか。雨が入り込まないようにするためのものか。

山田君：窓とか、後ろのトランクなどにもついているゴムのあれです。

支店長：3年連続して減収の同社に本当に増加運転資金が発生するの？

山田君：添付したとおりの数字で計算すると約20百万円の増加運転資金が発生します。

支店長：本当にこのように売上げが増加して、主要勘定の数字もこのように増えるかな。この数字について君はどのように考えたの？

山田君：この数字はＪ工業が作成したもので、自分としてはこれを信じて稟議書を書きました。

支店長：ということは、先方の説明を鵜呑みにして、聞いた説明のとおり稟議書を書いたのか。それではダメだよ。大事なことは、Ｊ工業が提出してきた数字が正しいかどうか……、それを君が検証しなければいけない。

山田君：どうやればよいのでしょうか。

支店長：数字の信憑性を考え、数字の妥当性を検証することが大事だよ。同社の売上げが増えるには、Ａ自動車の国内生産台数が今後増えることが前提になるはずだ。その点を確認すること。また、ウェザーストリップはゴム金型でつくるものだが、日本の金型業界は中国に仕事をとられて衰退の一途のはずだ。ゴム金型業界の動向や、ウェザーストリップが海外から調達されるようになっていないかをチェックしてみること。もう一つは、同社が製品を納入しているＡ自動車の一次下請け業者の業績見込みを見てみる。その一次下請け業者も上場しているから業績はディスクローズされているはずだ。同社に増加運転資金が発生するということは、その一次下請け業者の売上げも増加する予想を立てているはずだ。

山田君：はい調べてみます。

支店長：借入の申出に接したとき、先方の説明を鵜呑みにしてはいけないぞ。健全な懐疑心をもって、先方の説明内容や数字の妥当性を検証することが大事だ。貸出業務の原点は「資金使途の検証」ということを肝に銘じること。いいな。

山田君：はい、わかりました。

この〈場面１〉の要点を整理してみます。

① 山田君がＪ工業の増加運転資金の稟議書を書きましたが、増加運転資金が発生する根拠となる売上げや主要勘定の数字はＪ工業が作成し

たもので、稟議内容も先方からの説明をそのまま書いたものでした。
② 支店長は、山田君の意見や検証過程が書かれていない稟議書に不満があります。
③ そこで支店長は、Ｊ工業が増加運転資金が発生する根拠として提出してきた売上げや主要勘定の妥当性を検証するように山田君に命じます。
④ そのやり方がわからない山田君に対して、Ａ自動車の国内自動車生産台数の見通しや、ゴム金型業界の現状、同社の製品を納入しているＡ自動車の一次下請け業者の業績見通しにかかわる情報について調べたほうがよいとアドバイスしました。
⑤ 支店長は、貸出業務の原点は「資金使途の検証にあり」と言い、先方の説明を丸ごと鵜呑みにしてはいけないこと、借入申出内容については健全な懐疑心をもって説明内容や数字の妥当性を検証することが大事だということを山田君に教えています。

講義のポイント

(1) 借入申出に接したとき、担当者として必ずやらなければいけないことは、資金使途の検証です。検証するという意味は、取引先から受けた説明内容について"健全な懐疑心"をもって、担当者自らがチェックするということです。その説明は正しいか、金額は妥当か、ということを検証することが、貸出判断を行う原点になります。

貸出先が資金を必要とする場合、事業経営上必要な健全な資金需要に基づく借入申出ばかりではありません。業績の悪化に伴う赤字資金や、表に出せない事情で資金が必要になったり、経営者の個人的事由で借入することもあります。そのような事情背景を知らずに、先方のウソの説明を鵜呑みにして貸出を行うことは、返済が滞ったり、返済されないことになるというリスクが潜んでいます。

健全とはいえない事情で"お金が要る"という立場の人や、必要金額以上

の金額を調達することに目的がある人は、銀行が耳障りに感じるような話はしないのが普通です。むしろ、本当の事情は隠し、借入できるようなうまい話をする傾向があります。借りることができなかったら差し障りが生じるため、銀行が疑問をもつことなく貸してくれるように、うまく説明します。もちろん、考えられるリスクを正直に話してくれる貸出先も数多くいると思います。

(2)　担当者として気をつけるべきことは、貸出先の説明を鵜呑みにしてはいけないということです。必ず"健全な懐疑心"をもって、貸出先の説明について、できる限り詳しくチェックしなければいけません。その過程において疑問が生じた場合は、質問し、確認をとり、自ら調べなくてはいけません。貸出先が言ってきた説明を鵜呑みにして、稟議書にそのまま書いたり、上司宛てに報告する様は「伝言ゲーム」であって、そこに貸出担当者としての存在意義を示す仕事を見ることはできません。

　取引先の説明を丸々鵜呑みにするということは、その内容をすべて信じるということです。そこには貸出判断に審査が必要であると知りながら、審査を行う＝不良債権になるリスクの有無を探すという姿勢を見ることはできません。たとえるならば、通行手形をチェックすることなくすべての旅人を通す関所は、関所としての存在意味はなく、江戸に怪しく危険な人物が入り込んでしまいます。関所は何のためにあるのか、審査は何のために行うのか、よく考えてください。

2 「清濁併せ呑む」ことはしない

場面 12　小山君は、担当するK商事（家庭金物卸）宛増加運転資金貸出20百万円の稟議書を書きました。

支店長：小山君、K商事の増加運転資金の件だけど、本当に売上げがこんなに伸びるの？

小山君：社長はそう言っています。

支店長：社長はそう言っていても、本当にそのように売上げが伸びるのか、ということについて担当の君はどう考えているの。

小山君：僕も社長の言うとおり、そう思います。

支店長：なぜ、そう思うの。K商事の取り扱っている家庭用金物の需要が急に伸びる理由は何。

小山君：理由ですか……、よくわかりません。

支店長：売上高を見ると３年連続して減収であるのに、急に業績が回復して、こんなに増収になることに、君は不自然さを感じないか？社長の説明を鵜呑みにしているようだが、君自身はこの申出内容について検証したのか？

小山君：……。

支店長：この稟議書に書かれている主要勘定の数字は甘くないか。

小山君：……。

支店長：どうした！　説明できないのか。

小山君：すみません。主要勘定の数字は僕が水増ししてつくりました。

支店長：どうしてウソの数字をつくったのだ！

小山君：最初は、社長から株を買いたいので貸してくれと言われました。株の購入資金では稟議は通らないと思い、また一方で自分の貸出目標を達成したかったので、稟議書を増加運転資金ということで作文して貸そうと思いました。

支店長：小山君、いいか、貸出業務は目標を達成することが目的ではない。正しい考え方で、真にお客様の事業経営に役立つ仕事をしなければいけない。なぜそれほど目標達成にこだわったの？

小山君：実績考課や人事評価を得たいという気持ちと、社長にいいところを見せたいと思ったことも事実です。

支店長：小山君、勘違いしてはいけないぞ。社長に対して、こういうことを行うことで自分の度量の大きさを示せると思ったら大間違いだ。
　「清濁併せ呑む」という言葉で、自分を大きく見せることができるとでも思ったのか⁉

小山君：目標を達成するためには「清濁併せ呑む」ことを行う必要があるときもあるのではないですか。

支店長：銀行員が貸出業務に携わるとき、「清濁併せ呑む」という考え方を持ち出してはいけない。目標を達成するためだからといって、「清濁併せ呑む」ことで、間違った行為を正当化することは許されない。いいか、「濁」は"にごる"と読み、正しくない、間違った行為のことをいう。だから、貸出業務に携わる者は、清は呑んでもよいが濁は呑んではいけない。

小山君：本部からきた目標を達成するためには「清濁併せ呑む」ことは許されると思っていました。人間が成長する過程において、「清濁併せ呑む」ことを経験し大人になっていくのではないですか。

支店長：そういうことを言う支店長がいることも事実だ。しかし、私はその考え方は間違っていると思う。
　確かに、人生のなかで、「清濁併せ呑む」という場面はあると思う。しかし、銀行員として貸出業務に携わる者が、仕事を遂行するうえで「清濁併せ呑む」ような仕事をしてはいけない。なぜならば、そのことで銀行や君が貸出先から信頼されなくなるリスクがあるからだ。私は支店経営を行うにあたって、銀行員として君たちを教育指導する立場にあるが、「清濁併せ呑む」行為は認めない。「濁」は決して呑まないという"真っ当な貸出"の考え方を教えることが支店長の責任であり義務であると思っている。

小山君：わかりました。

支店長：実績考課や人事評価を得るためには、真の意味で取引先に役立

ち、取引先から喜ばれる仕事を行い、真っ当な数字で実績をあげることで評価されるべきだ。評価を得るために、見せかけの数字をつくるために「清濁併せ呑む」方法を考えてはダメだ。大事なことは数字という目に見えることにこだわるのではなく、人間としての品性・人格を磨く努力だ。そのためには勉強して、貸出先に誠実に接することが大事だ。

小山君：はい、わかりました。すみませんでした。

支店長：支店の数値目標が達成できない場合の責任は支店長がとる。君はまだ若い。正しい道、王道を踏み外さないように頑張れ。いいな。

この〈場面12〉の要点を整理してみます。

① 小山君がK商事の増加運転資金の稟議書を書きましたが、支店長はその内容に疑問を感じます。

② 3期連続減収の会社が、急に増収になることの不自然さ、また増加運転資金算出の主要勘定の数字に疑問をもち、小山君に数字の根拠について問い質します。

③ 小山君が正直に話した内容は、K商事の社長が株を買いたいので貸してほしいと頼まれたことがきっかけで、自分の貸出増加目標の達成をねらって、増加運転資金が発生するように稟議書を作文し、貸すつもりだったことを認めました。

④ 小山君は、株式購入資金では稟議が通らないので増加運転資金として貸すことにするということで、社長によい顔を見せたい気持ちと、「清濁併せ呑む」ことで自分の度量が大きいことも示したいという気持ちも働いたようです。

⑤ しかし、支店長は目標を達成するためだからといって、「清濁併せ呑む」ことで、間違った行為を正当化することは許されないと言い、「清濁併せ呑む」という考え方をとるべきではないと小山君に教えま

す。
　⑥　支店長は"真っ当な貸出"の考え方を教えることが支店長の責任であり義務であると言うとともに、小山君には王道を歩むことが大事であると話します。

講義のポイント

(1)　「清濁併せ呑む」という言葉の意味は、「善・悪のわけへだてをせず、来るがままに受け容れること、度量の大きいことをいう」と広辞苑に記されています。社会生活を行っていくうえで、そのような状況に遭遇することはありうると思います。

　しかし、銀行員が貸出業務を行うに際しては「清濁併せ呑む」という言葉で、「濁」の行為を正当化することは許されません。目標数字を達成するために、収益額を得るために……ということで、やってはいけないことをしてまで、貸出先が望まないことを行ってまでして目標にこだわり、その行為を正当化するために「清濁併せ呑むことも必要だ」と言うことは感心しません。むしろ、銀行員としての品性を疑います。

(2)　かつて、日本経済新聞の「私の履歴書」に、ある金融機関のトップを務めた方が「綺麗事では商売にならない」と書いていました。また、拙著『貸出業務の王道』『貸出業務の信質』（両書とも金融財政事情研究会）を読んだ人から「理想論や建前だけで目標は達成できない」という意見が寄せられることもあります。

　そのような意見を言う人は、コンプライアンスについてはどのように考えているのでしょうか。すべての銀行がディスクロージャーやホームページにコンプライアンス遵守をうたっています。コンプライアンス遵守姿勢が銀行の基本方針であることを承知していながら、目標数値の達成のためには、コンプライアンス違反には目をつむってもらいたいということに矛盾を感じていないのでしょうか。「清濁併せ呑む」ことができない人は大成しないとでも思っているのでしょうか。

政治やビジネス社会においては「清濁併せ呑む」ことが行われている事実を否定しません。経済社会における競争において必ず正義が勝つとは限らないことも承知しています。しかし、信用と信頼を基盤にして行われる銀行の貸出業務までが「清濁併せ呑む」ことに翻弄されてはいけません。そのような行為で数字を伸ばすことができても、自らの信用と信頼を落とすことにつながるということを知るべきです。

3　取引先情報は守秘義務の対象となる

> **場面 13-1**　L建設の経理部長が支店に来たとき、担当の大野君と次のような会話があった。

経理部長：うちの借入金利は1％だが、B建設は0.8％で借りていると聞いたけど、本当か。

大 野 君：そんなことはないですよ。

経理部長：だって、B建設の社長がうちの社長にそう言った……と社長が俺に言いに来て、「銀行に確認しに行ってこい」と言われて来たんだ。本当のことを教えてくれよ。

大 野 君：0.8％ではありません。

経理部長：じゃ、何％だ。

大 野 君：そんなことは言えません。

経理部長：言えないということは1％ではないということか!?

大 野 君：……。

経理部長：正直に教えてくれよ。君から聞いたと、だれにも言わないから……。

大 野 君：じゃ、ここだけにしてくださいね。……0.9％です。

経理部長：どうしてそうなんだ。
大野君：それぞれに事情があるのですから……、わかるでしょ。

場面 13-2　　数日後、L建設の社長が支店長宛て来訪。社長が帰った後、支店長は大野君を呼びました。

支店長：大野君、先ほど、L建設の社長が来た。借入金利がB建設より高いので、同じにしてくれと言ってきた。君からB建設宛貸出金利は0.9％であると聞いた……と言っているが、本当か。
大野君：はい、すみません。
支店長：ダメじゃないか。取引先の情報を話してしまっては……。
大野君：最初は断ったのですが……。B建設の社長がL建設の社長に会ったとき、B建設の社長が「うちは0.8％」と言ったので、L建設の社長が経理部長に「銀行に確認してこい」と言われて来たのです。
支店長：0.8％!?　B建設の社長が、わざと吹っ掛けたのかな。だからといって、しゃべっちゃまずいだろ。
大野君：もちろん、守秘義務があるとわかっていましたが、0.8％であると信じ込まれてもいけないと思って……。
支店長：守秘義務があるとわかっていたなら、「言えません」と突っ張ってほしかったな。
大野君：すみませんでした。
支店長：これは金利の話ですんだけど、個人情報に関することはもっと厳重に注意するように。特に、だれだれが病気だとか……、わかっていると思うが、守秘義務は遵守するように。
大野君：はい、わかりました。

この〈場面13〉の要点を整理してみます。

① B建設の社長がL建設に、「自分のところは0.8％で借りている」と言ったことが端緒となり、L建設の社長が経理部長に「銀行に確認してこい」といい、経理部長が担当の大野君宛てに訪ねて来ました。
② 大野君は守秘義務のことが頭にあり、最初は答えませんでしたが、事実と違う金利水準であると思い込まれるのは困ると思い、正直な金利（0.9％）を話してしまいました。
③ 後日、その報告を聞いたL建設の社長が支店長宛てに来訪し、B建設と同じ金利の適用の申出を行いました。
④ 支店長は大野君を呼び、守秘義務についてあらためて注意を行いました。

講義のポイント

(1) 銀行における守秘義務の問題については、私法上の観点から、伝統的に「取引先との間に行われた取引から知りえた情報を、銀行は正当な理由なくして他に漏らしてはいけない義務がある」として論じ、取り扱われてきました。

平成19年12月11日の最高裁判決は、「金融機関は顧客との取引内容に関する情報や顧客との取引に関して得た顧客の信用にかかわる情報などの顧客情報につき、商慣習上又は契約上、当該顧客との関係において守秘義務を負い、その顧客情報をみだりに外部に漏らすことは許されない」という判断を下しました。

最高裁のこの判例は、これまで銀行の守秘義務を定めた実定法上の規定が存在していないなか、その根拠を商慣習または契約に求めたものといえます。

(2) 銀行の守秘義務については、一般に、「顧客との間になした取引およびこれに関連して知りえた情報を正当な理由なくして第三者に開示してはならない義務」とされていましたが、それを定める法律は存在していませんでし

た。その法的根拠については過去において諸説が存在しいろいろと議論されてきましたが、今後は上記最高裁判例により、「銀行の義務」として認識されなければいけません。

　銀行が貸出業務を遂行するに際して、守秘義務は"道義的な努力義務"ではなく、"法的な義務"であると認識しなければいけません。ただし、銀行の守秘義務は次のような正当な理由がある場合は、免除されます。

　　① 顧客の同意がある場合
　　② 法令に基づく公的機関の調査による場合
　　③ 銀行の業務上の必要性に基づく権利行使等の場合

(3)　銀行の守秘義務を定める法律は存在しないことから、守秘義務の対象となる情報の範囲について定めたものも存在しません。しかし、これを法的義務と認識することを原点に考えるとき、その範囲は「個人情報保護法」より広くとらえ、管理する必要があると考えます。それは貸出先について銀行が保有している公開されていないすべての情報が守秘義務の範囲として認識することが望ましいと思います。

4　常に自己啓発を行う

場面 14　宮川君は12月にM寝具店から依頼されて商手割引を行いました。そのときの商手1枚について、支払先銀行から不渡りという電話を受けました。割引した商手が不渡りになったのは初めての経験なので、どうしたらよいかわからなく、先輩に教えてもらい、M寝具店に買戻請求の依頼を行いました。

支店長：宮川君は商手の不渡りは初めての経験だったらしいな。買戻請求をすることは知らなかったのか。

宮川君：はい、初めてだったのでどうしたらよいかわからず、先輩に教えてもらいました。

支店長：銀行取引約定書に買戻しの条文があることは知らなかったのか。銀行取引約定書の規定については研修で習ったはずだ。

宮川君：研修で銀行取引約定書について勉強しましたが、買戻しについては覚えていませんでした。すみません。

支店長：勉強したことはしっかり覚えて、身につけないといけないぞ。手形割引の法的性格は金銭の消費貸借ではなく、手形の売買だ……ということは知っているよね。

宮川君：はい。

支店長：貸出業務は、いくら貸して、金利はいくらだから利息収入はいくら……と経済的側面だけに目が行きがちだが、貸出を実行すると、銀行と取引先は債権者と債務者の関係になる、そこにはいろいろな法律的関係が発生する。だから法律の勉強も重要になる。その基礎となるのが銀行取引約定書だ。だから、銀行取引約定書はしっかりと学び、理解していないとダメだ。

宮川君：はい、わかりました。

この〈場面14〉の要点を整理してみます。

① 宮川君はM寝具店から依頼されて商手割引を行いましたが、そのうちの1枚の商手が不渡りになりました。その対応について、どうしたらよいかわからず先輩に尋ねました。

② 先輩に教えてもらい、宮川君はM寝具店に電話して、不渡り商手の買戻しをお願いしました。

③ 支店長から呼び出されて、不渡り商手を買戻しすることや、商手割引の法的性質は手形の売買であることについて質問され、宮川君は答えられませんでした。

④ 支店長は、貸出業務は経済的側面だけに目が行きがちだが、法律的

側面も発生するので、法律の勉強も重要であると宮川君に話しています。そして、その基礎となるのが銀行取引約定書であるので、銀行取引約定書はしっかりと勉強して、理解するように指導しました。

講義のポイント

(1) 運転免許証をとるとき、学科試験に合格しなければ免許証は取得できません。実技試験で運転技術ができても、法令の学科試験は必須です。貸出業務も同じです。取引先に貸出を売り込むことができても、貸出業務に必要な法律知識や規定・規則を身につけていなければ、真っ当な貸出業務を行うことはできません。しかし、貸出業務に必要な法律や実務知識や行内規程を十分わかっていない者が貸出業務を行っている実態が見られます。銀行取引約定書の条文の意味・内容を理解している担当者はどれほどいるでしょうか。

銀行法第4条第1項は、「銀行業は、内閣総理大臣の免許を受けた者でなければ、営むことができない」と書いてあります。法人としての銀行は免許をもって銀行業を営むことができますが、現場で実際に銀行業務に携わっている担当者は、貸出業務を行うにふさわしい必要知識を備えている＝免許取得者であると自信をもっていえますか。

筆者が全国の金融機関で貸出業務に関する研修を行い、担当者のレベルを見て、実際に事例研究を行って感じることは、無免許でスピード違反の運転を行っているごとき貸出担当者が多いということです。「借りてください」というお願いベースのセールスはできるが、契約書や法律の知識に乏しい人が多いように感じています。金を貸すだけの行為ならば貸金業者でもできます。内閣総理大臣の免許をもって行う銀行の貸出業務がそれと同じレベルであってはいけません。

(2) 筆者は平成24年に『貸出業務の信質』（金融財政事情研究会）を上梓し、同書第3章において「堕ちた担当者のレベル」として、貸出担当者の勉強不足を指摘しました。貸出担当者のレベル低下、勉強不足の実態は、銀行経営においては不良債権の問題以上に深刻にとらえるべきです。なぜならば、不

良債権は金で処理できますが、人材レベルの低下は金で解決はできません。

　貸出業務に携わる者にとって必要となる知識は幅広い分野に及びます。法律、財務、税務、金融、経済、産業、会計、経営等々の幅広い知識が必要になります。貸出先から信頼され、信用されるためには、誠実さや人間性はもちろんのこと、豊富な知識をもつことが必要条件であると考えます。

　貸出担当者としての成長は自己啓発によってなされます。成長は一人ひとりのものであり、その人の能力と努力によって身につくものです。銀行や他の人（上司・先輩・同僚）が、当人の自己啓発に関する努力を肩代りすることはできません。普段の自己啓発の努力の差は、数年後に貸出担当者としての実力差に如実に表れます。

　支店長になっても自己啓発は必要です。銀行を卒業するまで常に自己啓発を続ける努力が求められます。

第 2 章

貸出業務の基礎知識

第1節 銀行取引約定書

　銀行取引約定書は貸出取引の基本約定書といわれるもので、貸出取引を始めるに際して、必ず徴求しなければいけない重要なものです。しかし、貸出担当者でありながら「ぎんとり」＝「銀行取引約定書」の各条項を理解して説明できる人は意外に少ないように思います。従来の銀行取引約定書は顧客が署名捺印して銀行に差し入れるかたちでしたが、現在ほとんどの銀行は、顧客と銀行の双方が署名捺印する契約締結方式に変更し、原本を相互に保持するようになりました。銀行取引約定書の原本をお互いがもつことで、対等の意識をもつことと、約定内容について「説明した」「聞いていない」というトラブルを避けるねらいもあるようです。

　銀行取引約定書は債権者（銀行）と債務者（貸出先）の双方が署名捺印する契約締結方式になりました。担当者は貸出先から銀行取引約定書の各条項について質問されたら、いつでも条文の内容について説明できなければいけません。ところが、残念ながら銀行取引約定書の各条文を理解し、説明できる貸出担当者は少ないように思われます。銀行取引約定書の内容を説明できない担当者が、貸出先に対して説明を行うことなく事務的に署名捺印を求める実態をどのように考えたらよいでしょうか。

7　銀行取引約定書は貸出取引の基本約定書

場面 15　山下君は12月にN金物販売から依頼されて手形割引を行いました。そのうちの1枚の商手が支払先銀行から資金不足による不渡りという連絡がありました。山下君はN金物販売の社長に電話をかけ、その商手の買戻請求をお願いしました。

山下君：社長、12月に割引を行った甲社の手形が不渡りになりましたので、買戻しをお願いします。

社　長：どうして買戻しをしなければいけないだ。

山下君：そういう決まりなのです。マニュアルに書いてあります。

社　長：決まり……!?　マニュアルは銀行内の決まりごとだろ。俺は、なぜ買戻しをしなければいけないのか、ということを説明してくれと言ってるの！

山下君：なぜといわれても……。

社　長：俺もちょっとは法律の勉強をしているんだぞ。山下君、手形割引は法律的には「手形の売買」だよな。俺は、額面100万円の手形を銀行に割引料を引かれて、その商手を銀行に売ったんだよ。銀行に売ったのだから、その商手はもう銀行のものでしょ。それを不渡りだから買い戻せっていうのはおかしくないか。

山下君：でも決まりなんで。

社　長：だから、その決まりっていうものの根拠はどこにあるか教えてよ。どの法律に買戻しをしなければいけないと書いてあるの？

山下君：調べてから返事します。

社　長：調べないとわからないの！　わかっていないのに買い戻せって言ってくるのは失礼だろう！

> 山下君：申し訳ありません。調べてからあらためて電話します。

この〈場面15〉の要点を整理してみます。
　① 山下君は、不渡りになった商手の買戻しを、割引を依頼したＮ金物販売の社長に電話でお願いしました。
　② 社長は、買戻しをしなければいけない理由を山下君に尋ねましたが、山下君は答えられませんでした。
　③ 社長の言い分は、手形割引は割引料を払って商手を銀行に売ったのだから、その商手は銀行の所有物になっていて、銀行所有の手形をいまになって自分が買戻しをする理由はないという理屈です。
　④ 山下君は、マニュアルに書いてあることだからと言いますが、銀行が買戻請求できるという法律的根拠を示してくれと社長は言い張り、すぐに答えられない山下君は、調べてからあらためて電話することにしました。

講義のポイント

(1) 手形割引の法律的性質については、過去において裁判所で売買か金銭消費貸借かで争われました。問題の発端となった京都地裁判決（昭和32年12月11日判決）で、手形割引は売買とされ、控訴審においても大阪高裁（昭和37年2月28日判決）は売買説の見解を支持しました。それ以来、銀行は手形割引の法律的性格は「手形の売買」であるという見解をとっています。

売買説に立つと、手形割引を行った後の銀行と依頼人の関係は終了し、銀行は手形の所持人として手形債権の行使しかできません。それでは、手形割引を行った商手が不渡りを出した場合、銀行が損失を被ることになります。そこで、昭和37年8月に全国銀行協会連合会は銀行取引約定書ひな型を定める際、売買説をとりながらも、一定の場合には手形割引の依頼人に対して買戻請求ができるような特約を定めました。現在においても、銀行はその考え方を引き継ぎ、銀行取引約定書に「割引手形の買戻し」としての条項が記載

されています。

　したがって、銀行は手形割引を行った商手が不渡りになった場合に依頼人に買戻請求できるという法律的根拠はありませんが、銀行取引約定書にその規定が定められており、銀行は銀行取引約定書を締結している契約上の権利に基づき割引依頼人に対して買戻請求を行うことができます。

(2)　貸出業務は取引先の信用に依存し、貸出金の回収には常にリスクがあることから、多くの法律とかかわりがあります。貸出業務において、銀行は債権者として民法、商法、会社法、手形法、民事執行法、不動産登記法等の法律の保護を受けます。しかし、これらの法律は貸出業務のために定められたわけではありません。

　上記場面のように、銀行が不渡り商手について債権保全を図るためには、法律では保護されないこともあります。そこで、貸出取引から生じる債権債務の権利関係について、法律ではカバーできないことは特約として、債権者と債務者が合意することを取り決めた銀行取引約定書がつくられました。

　銀行取引約定書は貸出取引を行ううえで、債権者と債務者間における法律的問題の基礎条文となるものですから、担当者は必ず条文を正しく理解することが必要です。できれば、条文の背景となる元の法律や判例等を勉強して、条文制定の背景についても学ぶとよいと思います。

2　銀行取引約定書の条項は削除・訂正できるか

場面 16　O製作所と新規に手形割引の取引を開始することになりました。担当の山川君が取引開始にあたり、銀行取引約定書に署名捺印を求めたところ、O製作所の社長から第15条（＊）を削除してほしいと言われました。そこで、帰店して支店長に相談しました。

(＊) 銀行取引約定書第15条（報告および調査）
① 甲は、貸借対照表、損益計算書等の財務状況を示す書類の写しを、定期的に乙に提出するものとします。
② 甲の財産、経営、業況等について乙から請求があったときは、甲は、遅滞なく報告し、また調査に必要な便益を提供するものとします。
③ 甲の財産、経営、業況等について重大な変化を生じたとき、または生じるおそれがあるときは、甲は乙に対して遅滞なく報告するものとします。

支店長：要するに、O製作所の社長は会社の財務内容や経営内容をディスクローズしたくないと言っているのか。

山川君：基本的にはそうです。しかし、①については提出してもよいと言っています。

支店長：ということは第15条の全面削除ではなく、一部削除ということだな。これはできないな。

山川君：銀行取引約定書をひな型と考えれば、一部分を削除し、訂正印を押せばいいのでは……。

支店長：いや、それはできない。銀行取引約定書は貸出取引の基本的な事項を定めるもので、普通取引約款として統一的に使用している。

山川君：普通取引約款とは何ですか。

支店長：普通取引約款とは、不特定多数の利用者との契約を定型的に処理するためにあらかじめ作成した契約条項のことだ。普通預金の通帳に印刷されてある「普通預金規定」や「保護預り規定」、また「保険約款」も普通取引約款である。

山川君：やはり修正や訂正はダメですか。

支店長：安易な修正や訂正は、取引先ごとに銀行取引約定書の条項が異

なることになってしまう。それは他の貸出先との関係で不平等や不公平になるし、何といっても第15条を削除してほしいということに応じると、O製作所の財務分析で不審なところがあっても説明してくれないということになる。
　私は、銀行取引約定書の個々の条項・条文について、削除や修正の申出には応じてはいけないと考える。

山川君：わかりました。銀行取引約定書は条文の削除や訂正はできないことをO製作所の社長に説明します。ところで、社長が納得しない場合、銀行取引約定書を徴求しないで手形割引を行うことはできないのでしょうか。

支店長：銀行取引約定書を徴求しないで手形割引を行った場合、割引した商手が不渡りになっても買戻し請求はできない。貸出取引を行うとき必ず銀行取引約定書を徴求しなければいけない。私は、銀行取引約定書を修正することも、銀行取引約定書を徴しないで手形割引を行うことも応じるべきではないと考える。が、念のために法務室ないし事務部に照会して確認してほしい。

この〈場面16〉の要点を整理してみます。

① 山川君は、新規に手形割引取引を開始するO製作所に行き、銀行取引約定書に署名捺印を求めたところ、第15条（報告および調査）の削除を求められました。

② 支店長に相談したところ、銀行取引約定書は普通取引約款であることから、個別申出による削除や訂正には応じられないという考えでした。

③ 支店長は、銀行取引約定書の条文の一部削除や訂正について応じられないという自らの考え方と、銀行取引約定書を徴求しないで手形割引の取引を開始することもできないという自らの考え方について、念のために法務室ないし事務部の見解を徴するようにという指示があり

ました。

講義のポイント

(1) 銀行取引約定書は典型的な普通取引約款であります。そして、銀行取引約定書はすべての貸出取引に共通する基本的事項を定めた約定書であり、個別の取引約定書、担保約定書、保証書等は銀行取引約定書の存在を前提に作成されています。したがって、銀行は新たに貸出取引を開始する際には、貸出先との間で銀行取引約定書を締結しなければなりません。各銀行とも、貸出取引を開始するに際し、銀行取引約定書を画一的に適用することにして、必ず徴求するという規定にしています。

貸出先が銀行取引約定書に記載されている条文内容を包括的に承認しなければ、銀行は貸出取引を開始することはいたしません。

(2) 貸出先が、銀行取引約定書の記載条文を「理解していなかった」、あるいは「説明がなかった」という場合でも、貸出先は銀行取引約定書の各条文に拘束されると解され、判例も同じ趣旨を述べています。

法律的には、約款の法的拘束力を認める場合の根拠は、当事者が約款によらない旨の意思表示をせずに契約したときは、その約款による意思で契約したと推定すべきであるとする「意思推定説」によるとしています（大正4年12月24日大阪高裁判例）。

(3) 銀行取引約定書に貸出先から署名捺印を徴するとき、担当者本人は契約書等を読まないばかりか、条文の内容を理解しないまま、事務方が鉛筆で○をして囲んだ箇所に、説明もせずに署名捺印を求める人がいます。これはいけません。

銀行取引約定書は契約締結方式になり、形式的にも貸出先は条文の内容を理解していると考えられるので条文の内容の説明はいらないという前に、そういうあなたは条文を説明できるほどに条文の内容を理解していますか。

銀行取引約定書の内容について、銀行に説明義務があるかと問われるとき、説明義務があるとは言い切れません。説明していなくても、上記「意思

推定説」に基づき、貸出先は銀行取引約定書の各条文に拘束されます。

　しかし、変額保険の裁判例において、銀行の説明義務に関してレンダーライアビリティー（貸し手責任）が問題になったことを考えると、銀行取引約定書に関しても重要な条文については説明をすることが望ましいと考えます。そのために、貸出担当者は主な条文を説明できるほどに理解しなければなりません。

　なお、銀行取引約定書に貸出先から署名捺印を徴するとき、後日に問題を生じさせないためにも、以下諸点について注意してください。

　① 署名する人は権限を有する人が、自らの意思で行うこと。
　② 署名捺印は、担当者の面前で自署してもらうこと。
　③ 印影が印鑑証明書と一致しているか確認すること。

3 主要条項の説明

　銀行取引約定書は、銀行と貸出先との貸出取引に関する基本契約であり、貸出担当者はすべての条項について理解し、説明できなければいけません。ところがその内容を十分に理解している人は意外に少ないと思います。

　その理由の一つとして、銀行取引約定書は新規に貸出取引を開始するときに締結するもので、普段はあまり目にしないからかもしれません。新規に貸出取引を開始するとき、貸出先となる相手から銀行取引約定書を徴しますが、その際、条文の説明を行っているでしょうか。おそらくほとんどの銀行は、代表者に署名捺印を事務的に求めるだけになっているのではないでしょうか。

　貸出先から条項の説明を求められたとき、答えられないようでは、その場で貸出担当者としての信頼を失い、信用が失墜します。自ら条項について説明できない契約に実印を押させることの重要性をわかっていないことは、担当者のレベルの問題というより、銀行の教育体系に根本的問題があるといえ

ます。

　ここで、銀行取引約定書のなかで特に重要と思われる三つの条項について概説いたします。

① 担保および保証に関する条項
　・担保価値の減少や信用状態の悪化等が生じた場合、銀行が請求すれば、貸出先は新たな担保差入れ、または新たな保証人を立てる必要がある。
　・借入金の返済ができない場合、銀行は担保物件の処分を行い、借入金の返済に充てることができる。

② 期限の利益喪失に関する条項
　・支払停止等一定の事由が生じた場合、貸出先は当然に期限の利益を失う。
　・貸出先の信用状態に異常が生じ、銀行が債権保全上必要と判断した場合、銀行の請求によって期限の利益を喪失させることができる。

③ 手形割引に関する条項
　・手形が不渡りになったとき、あるいは不渡りになるおそれがあるとき、また貸出先の信用状態に不安が生じたとき、銀行は貸出先に対して手形の買戻しを請求できる。

第 2 節

貸出取引の種類

　銀行法第10条第1項は、銀行の固有業務として「資金の貸付け又は手形の割引」を営むことができると記されています。これが銀行の貸出業務を指します。貸出業務の態様としては「資金の貸付」と「手形の割引」に大別されます。

　「資金の貸付け」は、銀行が貸出先に対し金銭を貸し付けるもので、その典型的形態は金銭消費貸借契約（民法587条）であり、その取引の態様としては「手形貸付」「当座貸越」「証書貸付」などがあります。

　「手形の割引」は、期日未到来の商業手形を、額面金額から期日までの金利相当額を差し引いて銀行が買い取る取引で、その法律的性質は手形の売買と考えられています。

　貸出担当者は貸出を実行するに際し、「手形貸付」「当座貸越」「証書貸付」「手形割引」のどれが適切な採り上げ方か考えたことがありますか。"貸出先から当座貸越にしてほしいと言われたから""前任者のやり方をそのまま踏襲している"……という人は、債権保全に対する意識が十分でありません。それぞれの貸出取引の種類について、その法律的意味を理解し、債権保全に資する態様を選択することが大事です。

7 貸出取引は手形割引から

場面 17 P塗料と新規に貸出取引を開始することになり、新規担当の藤沢君が支店長宛てに事前相談のメモを提出しました。

支店長：藤沢君、P塗料宛ての貸出はなぜ当座貸越でやるの？

藤沢君：手形貸付か当座貸越で、と先方に話したら、当座貸越でやってほしいと言われたので……。

支店長：先方がそう言ったからといって、そのようにするかどうかは銀行が決めるものだよ。君は当座貸越でかまわないと思ったのか。

藤沢君：はい。他行も当座貸越でやっています。

支店長：当行の与信規程の「当座貸越」には、"当座貸越にはリスクが内包されているので優良先に限る"という規定があるはずだ。新規取引を開始するP塗料にいきなり当座貸越極度を設定するのは甘くないか。

藤沢君：資料として添付しましたが、直近3期の決算状況は良好ですし、格付も6で正常先ですが……。

支店長：たしかに表面的には正常先かもしれない。しかし、初めて取引をする相手の決算書が正しいかどうかを含めて、同社の実態はまだよくわからない。取引を重ねて、同社の仕振りを見てから当座貸越にするほうがよい。

藤沢君：どうしたらよいですか。

支店長：バランスシートを見たら受取手形が結構あるね。新規の取引だから手形の割引から始めたらどうだ。

藤沢君：販売金額は小さいので手形金額も小さく、手形枚数が多く、割引は手間がかかると思いますが……。

支店長：他行も金額が小さい手形割引は面倒だから当座貸越にしたのかもしれない。だけど、考えようによっては、リスクが分散されるメリットもある。貸出取引で大事なことは、面倒かどうかよりも、債権保全を第一に考えることだ。私が若い頃、新規取引開始は手形割引からと教えてもらった。

藤沢君：どうして手形割引から始めるのがいいのですか。

支店長：それは手形貸付や当座貸越より安全性が高いからだよ。

藤沢君：どうして安全性が高いのですか。

支店長：何でも聞けばいい……というのではなく、自分で考えてみなさい。自分で調べ、自ら考えることが大事だ。そのほうが勉強になるし、必ず頭に残って忘れない。

この〈場面17〉の要点を整理してみます。

① 藤沢君は、P塗料と新規貸出を開始するに際し、当座貸越極度を設定したいという事前相談のメモを支店長にあげました。

② 支店長は、マニュアルに書いてある当座貸越の採上げ目線に照らし、新規先に当座貸越を許容することに難色を示し、受取手形が多くあることから、手形割引から始めたらと藤沢君に言いました。

③ 藤沢君は、手形金額が小さく、割引を行うにしても手形の枚数が多く、事務的にも大変だと言いました。しかし、支店長は事務の大変さより、債権保全のことを考えたとき、手形割引から貸出取引を開始するほうが望ましいと言いました。

④ 藤沢君がその理由を質問したら、支店長は手形割引のほうが手形貸付や当座貸越より安全性が高いと言い、なぜそうであるかについては自ら調べるようにと言われました。

講義のポイント

(1) 貸出業務で最も重要なこと（＝貸出業務の要諦）は「債権保全」であると、第1章第3節の〈場面8〉における〈講義のポイント〉で書きました。債権保全という意識をもち、リスク回避を第一に考えることが大事です。

貸出を実行するとき、「手形貸付」「当座貸越」「証書貸付」「手形割引」のどれで採り上げるべきかについて考える担当者は少ないと思います。また、それぞれの採上げ方を法律的・実務的に比較して、リスクの程度とか事務上の問題点の有無等について教えてくれる上司・先輩もいなくなったようです。

(2) 上記場面で、支店長は手形割引のほうが手形貸付や当座貸越より安全性が高いと言っていますが、なぜそうであるかについて即答できる人はどれほどいるでしょうか。

手形割引は、商取引に裏付けされた商業手形を割り引くもので、商取引に裏付けされた手形は信用度が高く、期日に自動決済力があります。また、手形割引において、手形支払人は割引依頼人とは別の第三者であり、期日に不渡りになった場合でも、銀行は手形の所持人として、割引依頼人その他の裏書人に対して遡及権を行使でき、常に手形関係者が2名以上いることからも、債権保全に関し安全性は高いといえます。

上記のとおり、手形割引は銀行にとって安全な貸出態様といえますが、手形割引が上記のような機能を発揮するためには、健全な手形取引の慣行が前提となります。商取引の裏付けのない資金の融通だけを目的にする融通手形の存在もあります（注1）ので、安全性にあぐらをかくことなく、手形割引といえども慎重な貸出姿勢・リスク管理が必要です。

手形割引を行う際、必要最低限に行う法律的注意事項は、手形要件が完備されているか（注2）、割引依頼人の署名と印影は届出のものと相違ないか、そして裏書が連続されているかのチェックです。

（注1） 融通手形は不渡りになる可能性が高く、融通手形であることを知って割

引を行う銀行はないと思います。融通手形であることを知って割引を行った場合でも、悪意の抗弁とはならず支払請求はできます。

しかし、例外として、交換手形（落々手形）でどちらか一方が不渡りになることを知って割引した場合は悪意の抗弁（手形法第17条但書）で支払拒絶される懸念があります。

(注2) 手形割引の依頼を受けて預かった手形については、「現物その場限りの原則」に基づき、依頼人の面前で手形要件をチェックするべきです。枚数と金額合計の数字だけ合わせるだけではいけません。

手形要件とは、手形が証券として効力を生じるために必要な記載事項です。手形用紙は統一手形用紙が使用されているため、手形用紙に印刷されている要件もあり、以下に示す太字の部分の記入を確認すればよいことになります。

a　約束手形文句、b　**手形金額**および**支払約束文句**、c　**満期**（支払期日）、d　支払地（銀行店舗等）、e　**受取人**、f　**振出日**、g　振出地、h　**振出人の署名**（記名捺印）

(3) 手形割引の資金使途は経常運転資金として使われるのが一般的です。担当者は、手形割引の取引を通して、依頼人である貸出先の実態を知ることができます。貸出担当者は、割引する商手を事務方に受け渡す前に、商手を観察して実態把握を行うことが大事です。

手形割引を行うことで、次のようなことがわかります。

① 割引残高が減少してきた……その理由は？
・売上げの減少による受取手形の減少
・在庫圧縮→仕入が少なくなり、仕入先への支払が減少
・回収条件の変化～手形回収の一部または全部が現金回収になった

② 割引依頼された商手を見る
・商手の振出人、裏書人の名前と信用状態のチェック
・商手の成因（正常な商取引の存在）の確認
・商手の支払期日のチェック～同一銘柄のサイトが長期化していないか
・商手銘柄の変化～販売先、販売ルートの変化による影響はないか

上記のとおり、手形割引の態様で行う貸出は、債権保全上の安全性はもと

より、割引依頼人である貸出先の業績に影響する実態把握に関することもうかがい知れるものが多くあります。手形割引について、単に事務的に割引し、代り金を当座預金に入金するだけではいけません。

2 手形貸付における債権保全意識

場面 18 要注意先のＱ酒造宛経常運転資金貸出は、期間6カ月の手形貸付で行っています。当行の取引順位は下位付合いで月末に10百万円の手形期限が到来するので担当の中沢君は書換継続するという方針メモを支店長に回しました。

支店長：中沢君、このメモは「期日到来による書換継続」と簡単に書いているが、Ｑ酒造の業績や実態についてもう少し調べてくれないか。

中沢君：決算分析はこのあいだ回しましたが……。

支店長：あれから4カ月が経っている。この会社は要注意先なのだから、決算分析だけでなく、常に実態把握を行うことが必要だ。前期決算では債務超過になる直前の状況だったが、売上げは回復してきたのか。今期は赤字から脱却できそうか。

中沢君：詳しくはわかりませんが、厳しいと思います。

支店長：資金繰りが今後もっと厳しくなるかもしれない要注意先に対して、安易に手形を同額継続していいのか!? 業績の回復が見込めないかもしれないのに、また6カ月の期限の利益を与えていいの？

中沢君：どうしたらよいのですか。

支店長：手形期間を3カ月にして、業績動向を細かくチェックしていこう。それから、手形貸付の稟議期限は書換継続する手形の支払期

　　　　日と合わせるようにしておくこと。
中沢君：それはなぜですか。
支店長：さらに売上げが落ち込み、赤字で債務超過に陥ることが必至という状況になるかもしれないので、いずれ書換に応じられなくなったら、手形の支払期日に返済を求めることも考えておいたほうがよいからだ。手形貸付の稟議期限と手形の支払期日を一致させることで安易に書換継続することなく、期限到来時に必ず業績チェックを確行することが重要であるからだ。
中沢君：はい、わかりました。

この〈場面18〉の要点を整理してみます。
① 中沢君は、要注意先Q酒造宛経常運転資金貸出について、手形期限が到来するので、同額継続の方針メモを支店長にあげました。
② 支店長は、要注意先に対して、安易な気持ちで手形を書換継続することに警告を発しました。
③ 従来、期間6カ月の手形で同額継続を繰り返してきましたが、要注意先であるQ酒造の業績動向を見極めながら細かな対応を図るため、今回の手形期間は3カ月としました。
④ また、今後の業績次第によっては、手形の書換継続に応じることができなくなることも考えられます。支店長は、稟議期限を長くすると、安易に手形書換することになりかねないと考え、手形の支払期日と手形貸付の稟議期限と一致させるようにと、指示しました。

講義のポイント

(1) 手形貸付は、借用証書のかわりに、貸出先から銀行が受取人になっている約束手形を差し入れてもらう貸出態様です。その法律的性質は二つあります。一つは金銭消費貸借であり、もう一つは手形法上の手形債権です。銀行は貸出先に対して、金銭消費貸借に基づく債権と手形法上の債権の両方をも

ち、どちらを行使してもよいとされています。このことは、銀行取引約定書第2条の（手形と借入金債務）に「甲が乙（銀行）より手形によって貸付を受けた場合には、乙は手形または貸金債権のいずれによっても請求できるものとします」と明記されています。

(2) 貸出業務の要諦は債権保全にあります。貸出担当者は、常にリスクを抑え、リスクを最小にすることを意識することが大事です。貸出業務を行ううえで生じるリスクの一つが貸出期間です。期間とリスクは比例します。期間が長ければリスクが大きくなるということです。その理由は、業績に悪影響を与える不測の事態が起こる可能性は期間が長いと高くなるということです。もう一つは、貸出先（債務者）に対して与える「期限の利益」の問題です。「期限の利益」は、貸出先が受ける利益といえます。民法（第136条）も「期限は、債務者の利益のために定めたものと推定する」と書いています。したがって、銀行は貸出期限が到来しなければ、原則として返済を請求することはできません。

　手形貸付は原則として期間1年以内の短期貸出に利用します。また、上記場面のように、貸出先の業績チェックをこまめに行う目的で手形期間を短くすることができます。このように、手形を書き換えるつど、貸出判断を行うことも債権保全に資するといえます。

3 当座貸越は安易に許容しない

場面 19　中沢君が担当するQ酒造の業績はさらに悪化し、今期決算も赤字で債務超過に陥ることは必至の状況というなか、手形の期日が来月末日に来ます。中沢君は、再び、手形の書換継続の方針伺いのメモを支店長に回しました。

支店長：中沢君、債務超過に陥る会社に手形の書換継続するのか。

中沢君：やりたくないのですが、ほかにどんな方法がありますか。

支店長：回収しよう。

中沢君：回収するといっても、資金繰りが苦しく、返済資金はないですよ。

支店長：ある。

中沢君：どこにあるのですか。定期預金は3百万円しかありませんよ。

支店長：金融機関取引推移一覧表を見てごらん。主力の甲銀行はQ酒造に当座貸越極度50百万円設定しているが、実残は40百万円だからQ酒造は甲銀行からまだ10百万円借りることができる。甲銀行から借りてもらい、返してもらおう。

中沢君：甲銀行が貸しますか。

支店長：中沢君、当座貸越の場合、銀行は極度額まで貸出する義務がある。Q酒造が当行宛返済資金として甲銀行の当座貸越極度を使うとき、甲銀行は拒否できない。そもそも、当座貸越を使うとき、Q酒造は甲銀行に資金使途を言わないよ。

　　　　当行の手形貸付の期限と、手形の期日が到来し、返済に応じられないとなれば、当行は金銭消費貸借に基づく債権、または手形上の債権を行使し、貸出金の回収を図ることになる。Q酒造は、そうなる前に甲銀行の当座貸越極度を使って返済してくれるはずだ。

この〈場面19〉の要点を整理してみます。

① Q酒造の業績は悪化して、債務超過に陥ることが必至の状況になりました。支店長は、下位付合い先であるQ酒造との取引を見限り、手形貸付の期限および手形期日の到来にあわせて、返済を申し入れる考えです。

② 中沢君は、売上減少が続いている同社の資金繰りから、返済資金の捻出はむずかしいと言います。
③ しかし、支店長は金融機関取引推移一覧表を見て、甲銀行の当座貸越極度の枠空きに目をつけ、これを使って返済してもらうと考えました。
④ 中沢君は、当行宛返済資金の借入を甲銀行が許さないのではないか、と言いましたが、支店長は"当座貸越極度を設定しているということは、極度額まで貸出義務がある"と言いました。

講義のポイント

(1) 経常運転資金を当座貸越極度で貸出している銀行を多く見かけます。その理由として考えられるのは、貸出先にとっては収入印紙代が節約でき利便性が高い、すなわち借入のつど、銀行に行く必要はなく、返済資金があれば期間に制限されずに返済ができ、支払金利も節約できるからです。

また、銀行側にとっては、極度額を大きく設定して、借りやすくしておくことで、あわよくば極度いっぱいに利用してもらうことで、数的実績をあげたいという思惑があるようです。いままでは手形貸付による取引であったのに、バブル期に銀行側がより多く貸したい＝自由に使って（借りて）ほしいというねらいで「当貸シフト運動」を行い、貸出先に当座貸越の極度を大きく設定し売り込んだという話も聞きます。

しかし、バブルが崩壊して20年が経ち、健全な貸出業務のあり方を考えるとき、貸出先の利便性や銀行の数字目的ということとは別に、銀行の債権保全意識という目で当座貸越極度という貸出態様を見るとき、この態様は銀行にとってはリスクがあると思います。それは、銀行は極度額の範囲内であれば資金使途を問わず貸出に応じる義務があるからです。

(2) 当座貸越極度において、銀行は極度の範囲内で貸出義務が生じます。貸出先が極度の範囲内で借入をする場合、資金使途にかかわらず、銀行はその貸出を拒絶することはできません。理由なく拒絶すると、銀行は債務不履行

により損害賠償を請求されます。

　上記の場面において、Q酒造が他行借入金の返済のために甲銀行の当座貸越を利用することに、甲銀行は拒絶できません。もし、このケースでQ酒造が倒産した場合、手形貸付を回収した当行は損失を免れることができますが、甲銀行は当行借入金額を上乗せした金額が損失となってしまいます。

(3)　当座貸越契約において実残がある場合において、貸出先の業績が悪化したり、仕振りがよくない等の理由で、銀行は当座貸越極度の減額、解約を勝手に行うことはできません。

　当座貸越契約書に、銀行が極度の減額・解約できる場合の事例を具体的に明示しておけば、銀行による当座貸越極度の減額、解約はできるという説もあるようですが、一般論として銀行による優越的地位の濫用、あるいは信義則に反すると見られる懸念もあり、実務的には慎重に扱うべきです。

　銀行が当座貸越極度の減額、解約を行うことについて、貸出先の了解なくして認められる理由は、客観的、社会通念上やむをえない場合に限られます。具体的には、「債務超過に陥った」「第1回不渡りを出した」「他の貸出で延滞が生じた」というケースが考えられます。

(4)　当座貸越極度という貸出態様は、貸出先に対して貸出を行う法律上の義務を負い、正当な理由なくして実行に応じない場合、銀行は債務不履行に基づく損害賠償の責任を負いかねないというリスクがあります。また銀行は、極度を減額、解約する権利を有するが、その運用に際しては相当の事由が必要であることから、不要な金額の極度設定は厳に慎むべきです。とともに、当座貸越を許容すること自体、慎重に検討する必要があるということを知ってください。

　上記理由から、多くの銀行では、当座貸越極度を設定する相手は優良先に限るという規定があると思います。当座貸越極度を設定するときに優良先であっても、数年後も優良先であるという保証はありません。優良先ではなくなったとき、上記のように債権保全上、当座貸越極度を解約する・減額することの取扱いはむずかしいところがあるので、繰り返しますが、当座貸越を

許容すること自体、慎重に検討することを心がけてください。逆にいえば、現在当座貸越極度を許容している先も、いつ業績悪化に陥り、格付を下げることになるかもしれません。そこで、債権保全意識をもって考えると、業績が順調なときに、貸出先に極度の枠空き分の減額と当座貸越利用の実残を手形貸付に乗り換える交渉を行うことも考えてみてください。

　当座貸越極度を設定し許容するときにはマニュアルの規定に反することはないと思いますが、業績が悪化した場合（＝格付の低下）のマニュアル規定（極度の減額、解約）は遵守できていない場合があるようです。それは貸出先の了解が得られない限り、銀行の都合は優越的地位の濫用、信義則に反すると見られる懸念があるからです。したがって、当座貸越極度を設定し許容する場合は、慎重のうえにも慎重に検討することが必要です。

4　証書貸付実行後に貸出金の流用が発覚

場面 20　Ｒスポーツ宛てに倉庫兼配送センターの増築資金として30百万円を証書貸付（期間5年）で実行しました。同倉庫兼配送センターの土地・建物には根抵当権が設定してあります。担当の藤本君が今般の増築に関し、建物表題変更登記が終了したら教えてほしいと同社宛てに言ったところ、建物表題変更登記を行っていないことが判明したため、藤本君は現地に行き倉庫兼配送センターを見ると、建物は増築されておらず、既存倉庫の一部リフォームしか行われていないことがわかりました。

支店長：それは貸出金の流用だな。そもそも、その設備資金を出すときの計画はどうだったの？

藤本君：これがそのときの計画書で、既存建屋を増築することになって

いました。
支店長：社長は何て言っているの。
藤本君：仕入に流用したことを認めています。
支店長：仕入に使ったということは在庫が増えているの？
藤本君：増えています。
支店長：おかしいね。売れ筋商品を急いで仕入したなら、売上げが増えるはず。売上げが横ばいで在庫が増えているということは……。
藤本君：社長は仕入と言っていますが、実際は不良品を引き取った可能性があるかもしれませんね。
支店長：不良品を引き取るのに金はいらないじゃないか。何か別に使ったのでは……。返済は？
藤本君：いまは据置期間なので返済はまだ始まっていません。
支店長：私が社長のところに行って、説明を聞いてこよう。
藤本君：わかりました。社長にアポを入れてみます。

この〈場面20〉の要点を整理してみます。

① Rスポーツ宛てに倉庫兼配送センターの増設資金として30百万円を証書貸付（期間5年）で実行しました。担保物件であるので、増築に関し建物表題変更登記が終了したら連絡してほしいと言ったら、そのような登記は行っていないとの返事。

② 担当の藤本君が現地に行き確認したところ、建物は増築されておらず、既存建屋の一部リフォームしか行われていないことがわかりました。

③ 社長は借入金の一部を仕入に流用したことを認めています。

④ 資金使途が約定どおりではなかったことで、返済にどのような影響が出るかを見極めなければいけないと考えた支店長は、社長に会って事情を質したいと言っています。

講義のポイント

(1) 証書貸付は設備資金や長期運転資金など貸出期間が長期にわたるもので、借用証書（金銭消費貸借契約証書）には、資金使途、償還期限、返済方法、利率、担保等の条件を明らかにして実行します。

　証書貸付に限らず、貸出業務においては資金使途の検証が大事です。資金使途の検証は、貸出判断を行う前に確認しなければいけないことは当然ですが、貸出を実行した後にも確認する必要があります。

　貸出実行後の資金使途のチェックが重要である理由は、当初説明された使途と違うかたちで貸出金を費消されると、貸出判断時の収支計画や返済方法と齟齬が生じる可能性が高いからです。返済が予定どおりに行われるためには、当初の資金使途のとおり貸出金が使われなければなりません。

　上記事例は、明らかに借用証書（金銭消費貸借契約証書）に記載した資金使途と異なる流用といえます。

(2) 貸出実行後の資金使途の確認は担当者の役割です。ところが、貸出実行後の資金使途のチェックを行っている担当者はどれほどいるでしょうか。貸出実行後の資金使途は次のような方法で確認します。

　① 当座勘定で決済される自社振出の手形・小切手の金額と裏書を見る。
　② 振込先（支払先）の会社名と振込金額を見る。
　③ 決算書の勘定科目の増加額を見る。
　④ 現地に行く、現場・現物を見る。

　本件の場合は、担保物件の増築ということで、増築により建物の構造や床面積に変更が生じ「建物表題変更登記」の必要が生じます。ところがそれを行っていないという返事から問題が発覚しました。

　不動産担保物件の増築ということならば、設備資金貸出の検討時に、業者名（支払先）を把握して支払先と支払金額のチェックをするか、または増築工事の現場を見に行けば、実態はもっと早く把握できたかもしれません。

(2) 上記場面は、設備資金として貸出を行い、貸出金が流用された事例です。このような場合、どのように対応したらよいでしょうか。

　資金使途の流用が判明した場合には、流用の使途を確認し、回収に懸念が生じないか、あらためて検討しなければいけません。

　もし、資金流用後も回収懸念がないならば、事を大きくしないで、当初約定の証書貸付のままにしておくことでもかまわないと思います。

　しかし、貸出金の全部が流用されるという、当初から資金使途を偽っていたことが判明した場合や、あらためて検討した結果、返済や債権保全に問題ありとなった場合は、銀行取引約定書の期限の利益喪失条項をもって、期限の利益を失わせ、直ちに回収手続に入る必要があります。

　銀行取引約定書や証書貸付の金銭消費貸借契約証書には「貴行との取引約定に違反したとき」はいっさいの債務の期限の利益を失い、直ちに債務を弁済する旨の定めがあります。

第 3 節

担　　保

　担保とは貸出金を回収できない場合に備え、返済を確保する手段として、貸出先または貸出先以外の第三者から徴するものをいいます。貸出を実行するに際して、特に信用状態が良好である貸出先を除いて、銀行は原則として担保を徴求します。

　貸出先の業績が順調であっても、いつ経営状態が悪化するかわかりません。真面目に堅実に事業経営を行っていても、販売先の倒産による不良債権の発生、製品事故による信用の失墜、不慮の災害による生産設備被害、グローバル化した経済環境における急激な為替変動の影響、等々、貸出先の事業経営には常にリスクが存在しています。

　貸出先にこのような事態が発生した場合、貸倒れを防止し、貸出金を迅速かつ確実に回収するため、銀行は担保を徴求するのです。担保の徴求は、あくまで不測の事態に対処するための対応です。

　あらためて言うまでもありませんが、最初から担保処分に依存することを前提に貸出判断を行うべきではありません。ところが、「担保金額の範囲内だから貸す」「信用保証協会の保証が下りたら貸す」と言う人がいます。これは、貸出担当者として、貸出先の業況や事業内容、資産等を考慮し、どれほどのリスクがあるかを見るという審査の基本を忘れ、また貸出担当者であるにもかかわらず貸出の可否を判断する主体性を放棄することになります。

　一方、銀行が貸出を行うに際し、担保を徴することに対して、批判的なことを言う人がいます。担保をとる行為が悪徳金貸しに見えるのでしょうか。

しかし、銀行は貸出金が万一回収できない場合に備え、返済を確保する手段として担保を徴求しているのです。この行為は、銀行法の目的である預金者保護のため、預金者の預金の安全性の確保という観点からも重要なことであることを理解してもらう必要があります。

7 不動産担保の徴求

場面 21 Ｓプレス製作所から不動産担保を徴することになり、担当の西山君は、事務担当者から渡された根抵当権設定契約書に社長の署名捺印をいただくために、同社を訪問しました。

西山君：社長、担保設定の契約書をもってきましたので、署名捺印をお願い致します。
社　長：いままで信用で貸してくれていたのに、担保を出さないと貸してくれないことになってしまった。業績がこうだから仕方ないと思うが、残念だ。
西山君：社長、そんなに気にしなくてもいいのではないですか。
社　長：西山君、きれいだった謄本に傷がつくじゃないか。
西山君：傷なんて言わないでくださいよ。登記するのは仕方ないじゃないですか。鉛筆で囲んだところに署名捺印をお願いします。
社　長：わかった。ところで初めて担保に入れるのだから、契約書の内容を説明してよ。
西山君：説明ですか……。
社　長：当たり前だろ。わが社の財産を担保に入れるに際して、どういう契約になっているか確認するのは当然だろうが……。
西山君：全文ですか……。

社　長：では、私が読んで、わからない箇所について聞くから、教えてくれ（契約書に目を通す）。
　　　　西山君、第2条に「共同担保として」と書いてあるが、これはどういう意味なの？
西山君：言葉のとおり「共同して」ということですが……。
社　長：だって、土地と建物を別々に評価したのでは……。
西山君：別々に評価しましたが、担保としては一緒にするということで「共同担保」ということです。
社　長：土地と建物を別々に担保に入れることもできるの？
西山君：できると思います。
社　長：「できると思います」じゃなくて、そういう場合「共同担保」ではなく何て言うの？
西山君：え〜と……。
社　長：何と言うかはいいから、共同担保と土地と建物を別々に担保に入れるのと、何がどのように違うの？　法律的……、または経済的な違いはどこにあるの？
西山君：わかりません。
社　長：おいおい、担当の君がこの契約書について説明ができないのか。私に契約内容をわからないままハンコを押せというの!?　契約条文の説明がないのに、鉛筆で囲んだところに事務的に署名捺印させるだけというのは、ちょっとひどいんじゃない!?　こちらは大事な財産を担保に入れるというのに、説明できないというのは無責任だな。
西山君：すみません。
社　長：すみませんじゃないよ。この契約書について、また土地と建物を別々に担保に入れる場合について、法律的・経済的効果の違いをちゃんと説明してくれないと署名なんかできないよ。

この〈場面21〉の要点を整理してみます。
① 西山君は、Sプレス製作所から不動産担保を徴するにあたり、根抵当権設定契約書に社長の署名捺印をもらいに行きました。
② 社長は、署名捺印する前に契約書を読み、わからない条文については西山君に説明を求めました。
③ 契約書の第2条に書いてある「共同担保として」という文言について西山君に質問するも的を射ない回答で、さらに土地と建物を別々に担保設定した場合について、共同担保との違いを質問しましたが、西山君は答えられませんでした。
④ 社長は西山君に対して、契約条文を読まず、鉛筆で囲んだところに事務的に署名捺印させるだけということに怒り、しっかりとした説明がなければ署名捺印はしないと言いました。

講義のポイント

(1) 上記場面で問題になる点は、法律の勉強が足らない貸出担当者が契約書に記載されている条項を理解していないこと、また理解していない契約書を説明しないで貸出先に署名捺印を求めていることです。

この担保設定契約書のみならず、貸出先と締結する契約書や徴求書類等について、内容を理解せず、説明できない担当者が、事務的に署名捺印を依頼するケースがあります。それは貸出先に対して大変失礼な行為であると同時に、信用を失う行為でもあります。

(2) 上記場面は、根抵当権設定に関して、共同根抵当と累積的根抵当の違いの問題ですが、あなたはその違いを答えることができますか。

共同根抵当は二つ以上の物件をあたかも一つの物件として（共同担保）一つの極度をつけるものです。一方、累積的根抵当は物件ごとに極度をつけ、その極度を累積して計算する（合計）方法です。

それぞれの方法に一長一短はあります。たとえば、担保設定時の評価額が変化したとき、共同根抵当と累積的根抵当で取り分に違いが出ることもあり

ますが、どちらにするかの目安としては次のように考えられます。個々の物件の評価に多少の見込み違いがあるけれど、共同担保として全体の評価額が極度額に見合い、担保補完機能が期待できる場合は共同根抵当が適し、個々の物件の評価が正確にでき、物件ごとに個別処分可能である場合は累積的根抵当が適しているといえます。

(3) 不動産担保に関していえば、担保設定契約書に署名捺印を頂戴する前に、次のような手順が必要です。

　① 担保提供者から登記簿謄本と登記済権利証を提出してもらい、担保物件の内容および所有名義人を確認する。
　② 必要に応じて、公図で所在や接道状況を確認する。
　③ 担保提供者本人と面談し、担保提供の意思確認を行う。
　④ 現地に行き、物件の状況を調査、確認する

担保設定契約書の内容を理解しないで署名捺印を求めると同じように、上記手順についても、物件の担保評価は銀行の子会社等に行わせるなど、担当者自ら行わなくなり、不動産担保についての知識レベルも落ちているようです。登記簿謄本の取り方を知らない、登記簿謄本の読み方も知らない、担保評価のやり方も知らない担当者がいるようです。その手順が銀行のルールであれば仕方ありませんが、少なくとも上記①～④については、貸出担当者自らが行ってほしいと思います。

2 不動産担保以外の担保の徴求

> **場面 22** 段ボールを製造しているT紙業の業績が悪化していることから、担当の小嶋君は支店長から担保をとれないかという宿題を与えられました。

小嶋君：担保差入れについてT紙業に行き、社長と話してきましたが、何もないということでした。

支店長：小嶋君、私は君にT紙業の担保徴求について検討してほしいとの宿題を出したが、T紙業の社長のところへ聞きに行けとは言っていないぞ。社長からすれば担保を出すのは嫌だというに決まっているよ。

小嶋君：社長は担保になるものは何もないと言っていますが……。

支店長：社長が担保といわれて頭に浮かぶのは、不動産と預金と有価証券くらいだろ。だからほかに担保がないか、君が探すんだよ。

小嶋君：私がですか。私がどうやって探すのですか。

支店長：バランスシートを見るんだよ。

小嶋君：えっ……。

支店長：バランスシートの左側、資産の部を見てごらん。理論的に言えば、資産の部に計上されているほとんどの勘定科目は担保になる。上から見ると、預金・受取手形・売掛金・在庫等の流動資産、固定資産は土地・建物はもちろん、機械・工具備品・車両・投資有価証券など。最近は、動産担保融資（ABL；Asset-based Lending）もあり、商標や特許などの知的財産権も担保にしている。

小嶋君：そういえば、鹿児島銀行はABLで黒毛和牛肥育農家に貸出を行ったという記事がありました。

支店長：ということで、もう一度、T紙業の資産を見直してごらん。

小嶋君：わかりました。

支店長：その際、当行の担保に関する規定もよく読むこと。だが、当行の規定に書かれていないが担保にとれそうなものがあったら、私に相談してほしい。

小嶋君：でも、規定に書かれていない担保は、当行は認めないということではないですか。

> 支店長：基本はそのとおり。しかし、担保の規定に反することを行うのではなく、規定を作成した時点で想定していなかったものを担保にとることを考える場合、行内で新たに検討する価値はあると思う。いまや、豚やカニを担保にして貸している銀行もあるのだから。
>
> 小嶋君：おもしろいですね。そういう担保がないか、調べてみます。

この〈場面22〉の要点を整理してみます。

① T紙業の業績が悪化していることから、支店長は担当の小嶋君に担保の差入れができないかという宿題を与えました。

② 小嶋君はT紙業の社長のところへ、担保になるものはないかと相談しに行ったところ、「ない」と言われました。

③ 支店長は、担保について社長のところに相談に行く前に、どのような担保がとれるかを自分で考えなければいけないと諭されました。

④ 支店長は、バランスシートの資産の部の勘定科目のほとんどすべてが理論的には担保になると話し、最近のABLの動きについても触れました。また、当行の担保に関する規定に書かれていない新たな担保をとることについても前向きな姿勢を示しました。

講義のポイント

(1) 第1章第3節の「貸出担当者としての心構え」②において、安全性の原則について述べました。企業は人間と同じく生き物ですから、いつ病気に罹る（業績悪化に陥る）かもしれません。銀行は貸出金の回収が困難に陥るという不測の事態に備えて、担保を徴求することが貸出業務の原則です。

銀行が担保として徴求する場合は次の4点を考慮して、担保としての適性を確認しなければいけません。

① 評価が客観的にできる。

② 価値が安定している。

③ 管理が簡便である。
④ 処分は容易にできる。

　もちろん上記4点にこだわり、一つでも適合していないから担保としてとらないことより、とったほうがよい場合もあります。たとえば、美術品（絵画等）やゴルフ会員権でも、担保としてとれるものはとっておくという考え方もあります。

(2)　担保物件としては、不動産が最もポピュラーですが、これ以外にも担保としてとれるものはあります。上記場面で支店長が話しているように、基本的には貸借対照表の資産の部に記載されているものは、すべて担保になると考えてよいと思います。

　担保徴求時の一般的な留意点としては次のとおりです。

① 権原の確認(1)……担保提供者が、その担保の真正な所有者であることを確認する。

② 権原の確認(2)……①が確認できたら、次に担保提供者に当該行為をなしうる権原があるかを確認する。
　〜法人の場合は、担保提供行為が定款の目的の範囲に含まれるかを確認する。

③ 意思の確認……担保物件の所有者に、担保提供の意思を確認する。
　〜担保提供する本人に、貸出担当者の面前で必要書類に自署捺印してもらう。

④ 現地・現物の確認……担保に徴する物件は、必ず自分の目で確認する。
　〜不動産担保の場合は、現地に行き、土地・建物を見て確認する。

⑤ 成立要件と対抗要件の確認……担保が担保として有効に機能するため、成立要件と対抗要件を兼ね備えていることが重要である。
　〜主な担保の成立要件と対抗要件は以下のとおり。

	担保権の種類	成立要件	対抗要件
預　金	質権	質権設定の意思と預金証書の交付	担保差入証書への確定日付
手　形	譲渡担保	裏書と交付	裏書と交付
不動産	抵当権	抵当権設定の意思	登記

(3)　昨今、貸出業務を遂行するに際して、不動産担保や個人保証に過度に依存する姿勢に目が向けられています。その背景には、起業したばかりの企業は十分な不動産を保有していない、また不動産を保有していても地価が低迷していて担保価値が十分にないという事情があるようです。

　そこで最近注目を集めているのが「動産担保融資」です。平成17年10月施行の「動産及び債権の譲渡の対抗要件に関する民法の特例等に関する法律」に基づき、動産譲渡登記制度が創設され、在庫などの動産の譲渡も登記できるようになりました。19年2月には「金融検査マニュアル」が改訂され、「動産の性質に応じ、適切な管理及び評価の客観性・合理性が確保され、換価が確実であると客観的・合理的に見込まれること」を要件として、動産も一般担保として認められました。同年8月には既存の売掛債権担保融資保証制度の拡充により、動産担保融資への信用保証を対象範囲に加えて流動資産担保融資保証制度が創設されています。また、日本銀行は平成23年6月に「成長基盤強化を支援するための資金供給」の対象として、動産担保融資などに貸付枠として5,000億円設定しています。このように、動産担保融資についての認知度向上、普及は進んでいると思います。具体的事例としては、ワイン・種豚・肉豚・カニ・カツオなどの在庫を担保にした融資事例があります。

第 4 節

保　　証

　保証とは、債務者である貸出先がその債務を返済できない場合に、第三者＝保証人がかわって返済する責任を負うものです。

　担保も保証も、どちらも貸出金の回収を確実にする手段である点は同じです。担保と保証が異なる点は、担保の場合は担保物件から優先弁済権を有するのに対し、保証は保証人の一般財産を拠り所にしており、保証人が資力を失えば返済されなくなります。この点からして、明らかに担保のほうが保証より優れていることがわかります。

1 改正民法による根保証

場面 23　原口君はＵ設備工業に対して増加運転資金10百万円を許容したいとする稟議書を支店長に回しました。

支店長：原口君、増加運転資金の稟議書はこれでよいが、社長の個人保証はどうなっているの？
原口君：取引開始時に無期限保証の根保証契約を締結しています。
支店長：取引先概要表を見るとＵ設備工業との取引開始は10年前と書いてある。平成17年４月に施行された民法の改正によって、昔の根

　　　　保証は無効になっているはずだ。
原口君：民法改正前に締結した根保証契約は、極度額の定めがなくても無効にならないのでは……。
支店長：改正民法が施行直後はそうだったが、改正法の施行後3年以上たって元本が確定しない場合は、3年を経過する日に元本が確定するものとし、その後に行われた貸出について保証人は責任を負わないはずだ。
原口君：え〜っ、本当ですか。じゃあ、今度の増加運転資金の10百万円はもとより、平成20年以降の貸出は信用だったということですか……。
支店長：改正民法では、書面に保証金額の上限を定め、期間5年以内ということになったはずだ。
原口君：5年過ぎたらどうなるのですか。
支店長：5年を超えて根保証を継続する必要がある場合は……、どうだったか、自信がないから、君が調べて教えてくれよ。
原口君：わかりました。いままでの根保証を見直し、改正民法の保証についてあらためて勉強します。

　この〈場面23〉の要点を整理してみます。
　① 　U設備工業に対する増加運転資金の稟議書を回したとき、支店長から代表者の個人保証がどうなっているかという質問が担当の原口君宛てにありました。
　② 　原口君は、無期限保証の根保証契約があるので、今回の増加運転資金10百万円もカバーされると思っていました。
　③ 　支店長から、平成17年4月から施行された改正民法の保証制度見直しによって、保証金額上限なしの無期限の根保証は無効になったという話がありました。
　④ 　原口君は、改正民法による保証制度の見直しについて、あらためて

勉強することにしました。

講義のポイント

(1) 民法における保証制度の改正は平成17年4月1日に施行されました。保証制度について民法を改正する趣旨は、いままでの根保証契約は法的規制がなかったため、保証限度額や保証期間の定めがない「包括根保証契約」が多く使われていました。

中小企業の経営環境が厳しくなり、保証人が予想を超える過大な保証責任の追及を受ける事例が多発したことから、「包括根保証契約」に対する法的規制を設けるとともに、保証契約一般について書面によらない保証契約を無効とする法改正が行われました。

(2) 改正民法による根保証契約改正のポイントは次の3点です。

① 根保証契約は書面で行わなければ無効です。

② 保証人が保証する金額には、必ず上限を定めなければいけません。保証人はその金額範囲内で保証します。

③ 保証人が保証する債務は、契約で定められた5年以内の期間（定めがないときは3年間）に発生した債務に限られます。

・保証の極度額は、債務者が必要とする借入金額と保証人の資産額等を参考にして、保証人が責任を負う合理的な金額を保証人と銀行が話合いで決めることになります。

・極度額は元本だけでなく、利息・損害金等のすべてを含むものとして定める必要があります。

・保証の極度額は、債務者が借りることができる最大の金額という意味ではありません。極度額を超える借入申出があった場合、保証なし（＝信用）で貸出を行うか、極度額を増額する契約に変更するか……は、保証人と銀行の話合いで決めることになります。

・根保証で保証される「貸金等債務」は金銭の貸付や手形割引による債務のことを指します。

2 保証意思の確認

> 場面 24
>
> V薬局は借入するに際し、銀行から連帯保証人を求められました。後日、V薬局の社長が保証書をもって担当の阿部君を訪ねてきましたが、阿部君は外出中で留守にしていたので、保証書を置いていきました。

支店長：阿部君、V薬局の社長が来られて、保証書を置いていったと聞いたが、どういうことだ。

阿部君：社長に連帯保証人をお願いしたら、「わかった。印鑑証明も取りに行く必要があるので、保証書は後日銀行にもっていく」と言われたので、私から「私がまた行きますから」と言っておいたのですが……。

支店長：ダメじゃないか。保証書は必ず面前自署してもらわなければいけないことは知っているだろ。保証書をV薬局に置いたまま帰ってきたのか……。

阿部君：すみません。だから面前自署してもらうために「行きます」と言っておいたのですが……。印鑑証明書が取れた段階で、私が再び行って、面前自署してもらうつもりでした。

支店長：どうする!?

阿部君：それが、社長が置いていった保証書を見たら、保証人は社長の名前ではなかったので、この名前の人はだれかを聞きました。

支店長：連帯保証人は社長に頼んだのだろ。それで保証人はだれだった？

阿部君：電話で聞いたら叔父だそうです。

支店長：叔父!?

阿部君：社長の叔父、先代社長（亡くなった社長の実父）の弟さんで、○○市で同じく薬局をやっているそうです。
支店長：その叔父さんはＶ薬局の経営に関与しているの？
阿部君：それも聞きましたが、まったく関与していないそうです。同じ薬局経営をしていますが経営はまったく別だそうです。普段はあまり行き来もないといってました。
支店長：それじゃダメだな。
阿部君：はい、ダメです。そのことは電話で社長に伝えましたが、社長はどうも理解していないようなので、あらためてＶ薬局に行ってきます。
支店長：なぜダメなのか、ちゃんと説明できるよな。
阿部君：はい、叔父さんはＶ薬局の経営に実質的に関与していない第三者であり、保証契約を締結する客観的合理的理由はないということを説明して、社長自身に連帯保証人になってもらいます。
支店長：じゃあ、頼むぞ。

この〈場面24〉の要点を整理してみます。
① Ｖ薬局を担当している阿部君が、同社社長に連帯保証人になってもらうべく訪問し、保証書を渡したところ、印鑑証明書がないので、それを取って来てから保証書を書くと言われました。
② 阿部君は、保証書は面前自署してもらわなければいけない規定があるので、その時にまた行くことを伝えたつもりでしたが、後日、社長は保証書を銀行にもってきました。
③ 銀行に届けられた保証書を見たら、保証人は社長自身ではなく、知らない名前が記載されていたので、電話で保証人はだれかと確認したところ、叔父であることがわかりました。
④ Ｖ薬局の経営には関与していない叔父を保証人とすることは、規程上も認めていないことから、あらためてＶ薬局を訪問して、第三者が

保証人になることの問題点を説明のうえ、社長に連帯保証人になってもらうよう再交渉、説得することにしました。

―――― **講義のポイント** ――――

(1)　Ｖ薬局の社長に連帯保証を頼んだにもかかわらず、社長は叔父を保証人としました。連帯保証人の責任は重く、自ら借入したのと実質的に同じあるといえます。銀行が連帯保証人に請求した場合、連帯保証人は催告・検索の抗弁権がありません。

　Ｖ薬局の社長は、亡父の弟である叔父も同じ薬局経営を営んでいる親戚であることから保証人になってほしいと頼んだのかもしれません。叔父がＶ薬局の経営に実質的に関与し、Ｖ薬局の借入内容を承知していたとしても、この保証書を叔父が書いたという事実は確認できません。

(2)　金融庁は平成24年11月に、「中小・地域金融機関向けの総合的な監督指針」を発表し、そこには「経営者以外の第三者の個人連帯保証を求めないことを原則とする融資慣行の確立」が記されています。

　そこには次のように書かれています。

　「個人連帯保証契約については、経営者以外の第三者の個人連帯保証を求めないことを原則とする方針を定めているか。また、方針を定める際や例外的に経営者以外の第三者との間で個人連帯保証契約を締結する際には、必要に応じ、「信用保証協会における第三者保証人徴求の原則禁止について」における考え方を踏まえているか。特に、経営者以外の第三者が、経営に実質的に関与していないにもかかわらず、例外的に個人連帯保証契約を締結する場合には、当該契約は契約者本人による自発的な意思に基づく申し出によるものであって、金融機関から要求されたものでないことが確保されているか。

　ただし、下記のような特別の事情がある場合については、例外とします（中略）。

　　1．実質的な経営権を有している者、営業許可名義人又は経営者本人の

配偶者（当該経営者本人と共に当該事業に従事する配偶者に限る。）が連帯保証人になる場合。
2．経営者本人の健康上の理由のため、事業承継予定者が連帯保証人となる場合
3．財務内容その他の経営の状況を総合的に判断して、通常考えられる保証のリスク許容額を超える保証依頼がある場合であって、当該事業の協力者や支援者から積極的に連帯保証の申し出があった場合（ただし、協力者が自発的に連帯保証の申し出を行ったことが客観的に認められる場合に限る。）」

上記監督指針に照らし合わせてみても、叔父が連帯保証人になることは、認められないと考えられます。

(3) 保証を徴する場合の一般的留意点は次のとおりです。

○「個人」を保証人として徴求する場合
・保証人の本人確認
・保証の意思を有するか
・弁済できる資産を有するか
・行為能力があるか
を確認する必要があります。

そして、保証人から印鑑証明書を徴し、保証書に面前自署してもらいます。面前自署した状況（場所・時刻等）は書面に記録しておくとよいと思います。

○「法人」を保証人として徴求する場合
・保証人となる法人の定款を検討して、その保証行為が法人の目的の範囲内（権利能力）であるかを確認します。
・法人の保証が自己取引に該当する場合、たとえば、取締役個人の借入れについて会社が保証する場合などには、取締役会の承認が必要なので、取締役会議事録を徴求し、承認された事実を確認します。

3 信用保証協会の保証に頼る人（その1）

場面 25　田辺君は、W産業機械宛て20百万円の貸出案件について、信用保証協会の緊急保証で実行するに際し、支店長宛てに査定書を回しました。

支店長：田辺君、この査定書だけど、運転資金と書いてあるだけで、ほとんど何も書いてないけれど……。

田辺君：保証協会付きで、協会からも内諾を得ています。

支店長：保証協会付きだからといって、何も書かなくていいのか!?

田辺君：緊急保証は100％保証ですから……。

支店長：それはどういう意味だ!?

田辺君：倒産しても全額代弁されるので当行は損しません。

支店長：バカもの！　貸出業務を担当する者は貸出先の業績を調べ、資金使途と金額を検証するようにって、あれだけうるさく言っているだろ。

田辺君：……。

支店長：この会社の業績、実態はどうなっている!?

田辺君：え～と……。

支店長：信用保証協会の保証付貸出でもプロパー貸出と同じように、資金使途を含め借入申出内容を検証しなくてはいけない。

田辺君：でも協会が審査しますから……。

支店長：協会は保証するかどうかという視点で審査する、当行は貸出するべき否かを判断するために審査する。わかるか。

田辺君：協会が審査すればいいのではないですか。

支店長：貸出するかしないかという判断は銀行が行うべき本来的な職務

だぞ。君は、その判断を放棄している。
田辺君：銀行が貸せないと判断した先でも、信用保証協会が保証してくれれば貸して、貸出の数字をアップさせることになり、業績考課につながり、つぶれても損はしません。
支店長：君は全然わかっていない。しっかり教えるから、支店長室に来なさい。

この〈場面25〉の要点を整理してみます。
① 田辺君はW産業機械宛て20百万円の貸出案件について、信用保証協会の緊急保証で実行するため、支店長宛てに回した査定書には同社の業績・実態把握についてほとんど触れずに回しました。
② 支店長は、信用保証協会の保証付貸出でも、プロパー貸出と同じように審査を行い、貸出判断するべきという考えを田辺君に言い聞かせますが、田辺君は理解できないようです。
③ 田辺君は、信用保証協会が審査するのであれば銀行が同じことをやらなくともいいと考え、審査結果が悪くても、協会が保証すればつぶれても損はしないので問題はないと思っています。
④ 支店長は、そんな考え方の田辺君に怒り、支店長室で一から教えることにしました。

講義のポイント

(1) 上記場面のように、"信用保証協会任せ"の考えをもつ担当者が多いように思われます。また、貸出先に対して、「信用保証協会の保証が取れたら貸す」と言っている人がいます。これは明らかに間違った考え方です。「協会保証」があれば貸すという考え方の根底には、倒産しても回収に懸念はないという思いがあるからです。

「協会保証」があれば貸すということは、貸出担当者が行うべき本来の職務である貸出判断を放棄していることになります。「信用保証協会が保証し

てくれるなら貸出するけれど、そうでなければやらない」という考えは、リスクをとりたくない、判断の責任を負いたくないということです。

　貸出判断において、審査した結果、"担保があっても貸さない"という結論もありうることですが、そういうことを考えることなく、「協会保証が付く」という条件さえ満たせば貸すというだけならば、担当者に求める審査判断力の資質は要りません。

(2)　言うまでもなく、信用保証協会の全額保証制度は銀行が貸出リスクを負わないことであり、このことが、銀行および貸出担当者にモラルハザードを生じさせています。それは次のような場面に現れています。

　　①　自らが行うべき貸出先に対する審査・実態把握がおろそかになる。
　　　　→審査を信用保証協会へ丸投げする。
　　②　貸出先に対する債権管理・債権保全意識が低くなる。
　　　　→倒産しても、信用保証協会が代位弁済してくれる。
　　③　返済見込みがない企業でも協会保証がつけば貸出を行う。
　　　　→倒産しても、信用保証協会が代位弁済してくれる。
　　　　→倒産リスクがあっても今期の数字増加（目標）に寄与する。
　　④　プロパー貸出が可能な貸出先に対しても協会保証をつける。
　　　　→貸出判断を行わない。自らリスクをとらない。

　銀行と信用保証協会と、どちらが貸出先に関する情報を多くもっているでしょうか。それは明らかに銀行です。信用保証協会は貸出先に行ったこともなく、事業の現場・商品の現物を見たこともなく、経営者に会ったこともなく、かつ信憑性に疑問がある決算書だけを見て審査を行っています。そこに審査を丸投げし、全額保証されることに頼って安易に貸出する銀行に、貸出業務の本質・王道の姿を見ることはできません。

　どの銀行も、行内における貸出判断について、定量的分析（財務分析）だけでは不十分であるので、定性的分析（実態把握）情報とあわせ判断することを教えているはずです。にもかかわらず、定量分析だけしか行っていない信用保証協会の審査に頼っている状況をどのように説明するのでしょうか。

(3) 上記の〈講義のポイント〉を読み、「きれいごとを言っている」とか、「建前論としてはわかるが……」という感想をもたれた人がいると思います。そして、実際に上記〈場面25〉の田辺君のようなやり方がまかり通っている現場があると思います。そして、それで"よし"と考えている管理職者がいると思います。

"信用保証協会の保証がつけば、倒産するかもしれない先でも貸す"という行為・考えが、真っ当な貸出ではないということに気づかないのでしょうか。そればかりか、「目標のためには」「表彰をとるためには」「評価を得るためには」という考えが先行し、それを正当化するような人は貸出業務から外れるべきです。なぜならば、モラルの落ちた人が行う貸出業務は、銀行の信用を落とすことにつながるからです。

4 信用保証協会の保証に頼る人（その２）

場面 26 支店長は田辺君を支店長室に呼び、緊急保証で実行したいというW産業機械宛て20百万円の貸出案件について、詳しく話を聞きました。

支店長：田辺君、この案件は運転資金と書いてあるけれど、実際の資金使途は何？
田辺君：表向きは増加運転資金です。
支店長：表向きは……って、どういうこと？　本当は増加運転資金は発生しないということか!?
田辺君：増加運転資金が発生するように、ちょっと数字をいじって書類をつくりました。実際は、乙銀行が同社に出している経常運転資金の肩代わりに使います。

支店長：肩代りするっていうことは、乙銀行の返済資金に充当するということか。それはできないだろ。

田辺君：当行の貸出金を返済すれば、明らかに旧債振替えになりますが、他行の返済ならばわかりません。

支店長：そんなことはいずれわかってしまう。やめなさい。

田辺君：今期の目標を達成するには……。

支店長：田辺君、何度も言っているだろ。目標達成に努力することは大事だが、だからといってやってはいけないことをやってまで目標を達成しろとは言っていない。そもそもＷ産業機械は業績がよくないし、私は、同社の決算の実態は赤字と見ている。

田辺君：決算書上は黒字です。

支店長：田辺君、信用保証協会を悪用してはいけない。すでに、保証の内諾をもらっているようだが、本件は取下げをしなさい。

田辺君：もったいないと思います……。

支店長：何がもったいないのだ！　信用保証協会に対してウソをついてはいけない。何よりも信用を落とすようなことは絶対にやってはいけない。

田辺君：はい、わかりました。

この〈場面26〉の要点を整理してみます。
① 田辺君は支店長に問い質され、緊急保証で実行する20百万円は乙銀行からの借入返済（他行肩代り）をねらったものであると話しました。
② 保証を得るために、増加運転資金が発生するように数字をつくり、また実態は赤字であることも隠しているようです。
③ それを聞いた支店長は、信用保証協会には保証の取下げを伝え、この緊急保証で実行する案件を取りやめるよう指示しました。

講義のポイント

(1) 全国の金融機関において貸出担当者の質的レベル低下が言われ、信用保証協会貸出において金融機関のモラルハザードが生じていることが指摘されています。数的目標を達成するために、信用保証協会貸出のルールに触れることを隠し、バレなければかまわないと考える人は、コンプライアンス意識がないのでしょうか。信頼と信用で成り立っている銀行が、言っていることとやっていることが違っては、信頼と信用は地に落ちます。

(2) 田辺君が意図した貸出が仮に実行された場合、次の3点が問題になると考えられます。

　① 決算書は表面上黒字であるが、実態は赤字であることを知っていながら、その事実を信用保証協会に隠したこと。

　② 実際には発生しない増加運転資金を、あたかも発生するように数字を作文して書類を作成し、資金使途を偽ったこと。

　③ 他行肩代りを、故意に信用保証協会保証付きで実行した貸出金で行ったこと。

どれも保証免責に該当しますが、その根拠はどこにあるかということは、案外知らない人が多いと思います。それは、信用保証協会と金融機関との間で締結されている「約定書」に決められています。この約定書は、金融機関と貸出先とで締結している銀行取引約定書の存在と同じ意味をもちます。すなわち、個々の保証内容に共通する事項や手続についての基本事項を保証契約内容としています。その約定書の第11条に免責の規定があり、次のように書かれています。

　　第11条　甲（信用保証協会）は、次の各号に該当するときは、乙（金融機関）に対し保証債務の履行につき、その全部または一部の責を免れるものとする。

　　(1) 乙が第3条（旧債振替の制限）の本文に違反したとき。

　　(2) 乙が保証契約に違反したとき。

(3)　乙が故意若しくは重大な過失により被保証債権の全部又は一部の履行を受けることができなかったとき。

　この規定の適用にあたっては、金融機関に故意または過失があることが前提となります。その解釈・運用には厳格性と衡平性が要求されます。

(3)　現在、信用保証協会の一般保証は80％の責任共有制度となっています。この責任共有制度は平成19年10月から80％に切り替えられたもので、それ以前は100％保証でした。80％保証への制度が切り替えられた背景として、平成10年10月1日から平成12年3月31日まで実施された「中小企業金融安定化特別保証制度」（以下「特別保証」という）の利用実態があげられると思います。

　特別保証の審査は9項目のネガティブチェックだけの甘い審査（事実上無審査との批判あり）であったことから、経営実態を偽った融資保証詐欺や、ブローカーの口利きなどの社会問題、また金融機関のモラルハザードが起きました。この特別保証の利用結果について、会計監査院が検査したところ、保証総額29兆円のうち代位弁済の総額は2兆5,000億円であったことがわかりました。信用保証協会の代位弁済額の急増は、信用保証協会の経営の安定性に影響を及ぼすとともに、回収ができない金額については最終的に国庫負担となります。中小企業金融のため採算を度外視した財政出動のあり方や、金融機関が安易に信用保証協会の保証に頼るモラルハザードの問題もあり、信用保証協会が保証業務の見直しを行った結果、80％の責任共有制度が生まれました。

　その趣旨は、安易に協会保証に頼る金融機関のモラルハザードに対し、反省を求め、金融機関自らも主体的に貸出判断を行い、責任の分担を求めたものと理解します。ところが、保証に対して20％の責任分担を金融機関にさせることにしたところ、平成20年の新規保証承諾額は前年比大きく落ち込みました。

　一方、平成19年末頃から原油・原材料価格の高騰により中小企業の収益が悪化するなか、政府がまとめた総合経済対策として「緊急保証制度」が設け

られました。これは80％保証の一般保証とは別に100％保証を行うことにするものでした。特別保証のようなネガティブチェックだけの審査ではなくしたこともあり、特別保証のときのような問題は起きていませんが、金融機関のモラルハザードについては相変わらずあるようです。

　100％保証の制度というのは、金融機関に〈場面25〉の講義のポイント(2)で記したモラルハザードが出てくるだけでなく、保証を受けた貸出先が経営努力を怠るというモラルハザード、また信用保険制度の手厚さから信用保証協会自身の審査・モニタリングに対するモラルハザードが起こる可能性もあります。すなわち、それぞれの当事者に生じるモラルハザードが相互に負に作用する悪循環は、結果的に国庫負担、財政への悪影響につながるということを知る必要があります。

　金融機関において貸出業務に携わる者は、100％保証の制度においてモラルハザードを起こさない矜持をもつことが大事です。矜持をもたない銀行・担当者が、信用保証協会の保証に依存することを続けると、長期的に見ると銀行・担当者の審査能力・貸出判断力を衰えさせることになります。その結果、銀行の最大かつ重要な収益源である貸出業務の競争力は衰退し、経営の衰弱を招くことになりかねません。

第 5 節

貸出金利

　貸出金利とは言うまでもなく貸出金に対する利息の割合です。貸出金利息は銀行の収益源として最も大きなウェイトを占めています。したがって、金利をいくらに決めるかは、利息収入の増大を図ることであり、銀行の経営上きわめて重要なことになります。金利を高くすれば貸出金利息は増えますが、実際の貸出金利は高くするより、引下げ競争になっているのが現実のようです。

　日本銀行の「金融システムレポート」(平成24年4月)には、「銀行の貸出金利は低下を続けている。……企業・家計の借入需要が低迷する中、銀行による貸出姿勢の積極化が、競争の激化を通じて貸出金利を押し下げている面もある。(中略) 貸出金利の低下は銀行の貸出採算を一段と悪化させる可能性がある」(同レポートP21～22) と書かれています。

7　貸出金利の引上げ

> 場面 27　要注意先であるX金型宛手形貸付の手形期限が到来するので、担当の廣瀬君は手形の書換継続の査定書を支店長に回しました。

支店長：廣瀬君、X金型の業績はどうなの？

廣瀬君：あまりよくありません。今期も減収減益の見込みです。

支店長：ここはプラスチック射出成型金型だったよな。主にどんな金型を作っているの？

廣瀬君：家電メーカーからの仕事が中心で、テレビのリモコンや……、それから扇風機の羽根なんかをつくっていたと思います。

支店長：精密度が高くないプラ型だな。日本のプラスチック金型の仕事は中国にとられ、金型業界全体も業績の回復は見込みが薄いかもね。ところで、手形の書換だけど、期間も金利も同じでいいの？減収減益の見通しだったら、ちょっと考えてみたらどう……!?

廣瀬君：手形期間を短くして、金利を上げるということですか。

支店長：そうだよ。債権保全を考えるとき、期限の利益は短く、リスクに見合った金利にするということだよ。

廣瀬君：理屈はわかりますが……。主力の甲銀行は金利据置きみたいですし、手形期間を半分の3カ月にすると収入印紙も2倍になりますよね。

支店長：X金型の気持ちを慮ることも必要だが、まずは銀行として債権保全やリスクを考えることも大事だろ。

廣瀬君：金利を上げるといったら、返済すると言い出すかもしれませんよ。

支店長：いいじゃないか。担保なしの要注意先の残高が減るのだから……。

廣瀬君：当店の貸出残高も減ってしまいますよ。

支店長：要注意先の残高が減るのだからいいじゃないか。手形期間を短くして金利を上げるということは、X金型には経営に危機感をもってもらい、利益確保のために経営に頑張ってもらいたいというメッセージを与える心理的効果のねらいがある。これを感じ取れずに、怒って返済するというなら、それはそれでかまわない……

と思っている。3期連続して減収減益が続いているのに、銀行からメッセージを出さなければ、X金型はこのままの業績でもいいと思っているかもしれないぞ。

廣瀬君：わかりました。明日、社長のところに話に行きます。

この〈場面27〉の要点を整理してみます。

① 廣瀬君は、要注意先であるX金型宛手形貸付の手形期限が到来するので、手形の書換継続の査定書を支店長に回しました。

② 支店長は、今期業績も減収減益の見込みであるX金型の手形書換について、手形期間を短く、金利を高くしたら……と言いました。

③ 廣瀬君は、金利を引き上げれば、返済されるかもしれないと言ったところ、支店長は「（最終的には）それでもかまわない」と言いました。

④ しかし、支店長が"手形期間を短くして金利を上げる"ということで意図することは、銀行においては要注意先に対して債権保全・リスク対応を図る必要性を、X金型に対しては、そういう銀行の姿勢を見せることで、"業績改善に向けて奮励努力しなければといけない"ということに気づいて頑張ってもらいたいということを訴えるねらいがあります。

―――――――― **講義のポイント** ――――――――

(1) 貸出金利の決め方は、それぞれの金融機関によって異なると思います。貸出金利の設定は、基準となる金利をベースにして、貸出先の信用度（格付）や資金使途、引当状況（担保の有無、内容）、取引関係（歴史、新密度）等を考慮して、個別に相対で決定されます。

短期貸出（期間1年未満）の場合、「新短プラ＋格付別金利上乗せ幅」または「TIBOR（またはLIBOR）＋スプレッド」という方法が多いように思われます。

貸出金利は、"本来は資金の需給関係によって決まる"と言われましたが、現在の金融緩和政策のもと、資金需要が乏しいこともあり、金利は弾力性をなくし、金利が本来もっているマクロ経済における資金需給の調整機能は失われました。
　貸出業務が銀行の最も重要な資金運用であり、貸出金利の本質が利益の源泉であることから、貸出金利の下限は資金コスト（調達金利＋経費率）を最低限確保しなければいけません。さらに、貸倒れリスクもあることから、貸出金利は、資金コストに信用コストと利益を上乗せした構成要素で決まるといえます。

⑵　上記場面で貸出金利を引き上げるという支店長の見解は、貸倒れリスクに見合う信用コストを上乗せするという意味であり、至極当然であると考えられます。しかし、廣瀬君が言うように、金利を引き上げると返済される＝貸出残高が減る・貸出先を失うことにつながる──ということを恐れて、金利引上げを行わない金融機関が多いことも事実です。
　銀行の経営の意思としては、貸出金利は引き上げたい、引き上げなければいけないということはわかっていると思います。しかし、現場では、そもそも貸出金利の構成要素などを意識している人はまずいないでしょう。与えられた収益目標のためには金利は高くしたい気持ちはあるが、それも残高があっての話であり、金利を引き上げることで貸出先を失ってしまうことを懸念しています。
　現場における貸出金利に対する意識は、貸出をコモディティ化して販売価格として見ているように思えます。コモディティである貸出を大量に販売するために安売り（＝金利の引下げ）しているという感じが否めません。金利はリスクの対価であるという認識はなく、販売価格の合理性（＝適用金利水準の妥当性）を無視した販売（＝低利貸出）が横行している現実が、上記日本銀行のレポートの記述になっているのだと思います。

2 貸出金利の引下げ

場面 28　Y光学機器から機械購入設備資金借入の申出（20百万円・期間5年・固定金利）がありました。担当の高田君が当行の固定金利を提示したところ、Y光学機器は丙銀行のほうが安い（金利が低い）から、全額丙銀行から借りるといわれました。そこで、高田君は丙銀行が提示した金利より0.1％低い金利を提示することにしました。

支店長：高田君、Y光学機器宛ての金利はもともと低い水準だけど、さらに引き下げるの？

高田君：丙銀行より低くしなければ20百万円の案件はとれません。

支店長：丙銀行の金利は確認したの？

高田君：いえ、Y光学機器の社長が言っただけで、バウチャーをもらって確認はしていません。

支店長：社長が、当行と丙銀行を天秤にかけているのじゃないか。揺さぶりをかけて、少しでも安く借りたいから……。

高田君：そうかもしれませんが、Y光学機器は格付5でシェアアップ方針ですので、ここは頑張って20百万円をとりたいと思います。

支店長：担保は？

高田君：既存の担保でまだ余力があります。

支店長：わかった。ではこの金利を提示することは了解した。ところで話は変わるが、Y光学機器の社長が乗っている車は何だか知っているか。

高田君：ベンツだったと思います。

支店長：そうだ、あの社長のベンツはSL550だ。あれは1,500万円以上す

　　　　る。
高田君：社長が乗っている車が……何か。
支店長：1,500万円のベンツは社長個人のものか、会社のものか知らないが、そんな高級な車に乗っている社長が、借入金利で0.1％の差、金額で見たら年間2万円のことで、どっちの銀行にするとかいうものかな？……と思っただけ。
高田君：……？
支店長：社長が金利のことを細かく言ってきたのは、本当は当行の貸出姿勢に不満があるからではないか。
高田君：そんなことはないと思いますが……。
支店長：そうか、それならいいが……。

　この〈場面28〉の要点を整理してみます。
　① Y光学機器から設備資金借入の申出があり、期間5年の固定金利を提示したところ、丙銀行より高いと言われました。
　② そこで、担当の高田君は丙銀行より0.1％低い金利を提示して、この設備資金借入れの取込みを図ることにしました。
　③ Y光学機器の格付は5でシェアアップ方針であり、担保も余力があることから、支店長も金利を引き下げて提示することに承認しました。
　④ 支店長は、Y光学機器の社長が乗っているベンツの話を持ち出しましたが……。

講義のポイント

(1)　日銀の資金循環分析によると、法人部門は平成10年頃から資金余剰の状態が続いています。またデフレ経済のもと、中小企業の資金需要は低迷し、銀行貸出は伸び悩んでいます。銀行経営において、預金は増えるが貸出は伸びないなか、資金運用は有価証券（国債等）のウェイトを増してきていま

す。

　貸出が伸びない、特に中小企業向け貸出が伸びないことをマスコミは「貸渋り」と批判しました。政治的にも圧力がかかり、銀行は貸出残高欲しさに金利引下げによって貸出競争を行ってきました。貸出先の実態を見たうえでリスクに見合う合理的かつ適正な金利を設定するのではなく、金利のできあがり水準の勝ち負け（低金利の勝ち）による貸出競争はいまでも行われています。

　いまはバブル経済でないにもかかわらず、銀行貸出において不良債権が増える実態は、金利引下げ競争による"貸出の安売りバブル"が背景にあるといえます。このような銀行の貸出姿勢は健全でありませんし、決してよいとはいえませんが、「貸渋り」という批判は見られなくなりました。

(2)　「消費者は同じ製品であるならば、価格が安いほうを選ぶ」という命題は正しいでしょうか。たとえば、同じ区画に2件の新築建売住宅があり、1軒は30百万円、もう1軒は10百万円で売り出していました。同じ建売住宅なら安いほうがよいと考え、10百万円の建売住宅を買う人がいる一方、価格が3分の1であるには何か理由があるかもしれない、その物件は欠陥住宅かもしれないと考え、30百万円のほうが安心だという人もいると思います。

　ところが「お金」という商品は、二つの銀行が駅前と駅裏にあっても「お金」の品質・価値はまったく同じです。同じであるならば、借り手からすれば借入金利が低いほうが望ましいと考えることは当たり前です。しかし、20百万円の「お金」に「おまけ」がついていたらどうでしょうか。「おまけ」とは、貸出先にとって経営に役立つ知識・サービスの提供であり、事業発展に必要な付加価値情報を指します。あるいは、銀行の名前から感じるブランド格差かもしれません。

　20百万円の「お金」の品質と価値はまったく同じですが、貸出先がこの「おまけ」の価値を認めてくれるならば、貸出金利が少々高くても、この貸出案件を取り込むことができるはず、と考えられませんか。ところが、貸出先の経営・事業を熟知し、貸出先の事業経営に役立つ「おまけ」を自ら作り

出し、提供するサービスを積極的に行うことができる貸出担当者は数少ないと思います。

　貸出業務は、価格（金利）競争で勝つことではなく、価値競争で勝つことが大事です。言い換えると、金利引下げ競争ではなく、貸出先へ与えられる満足度（情報・付加価値の提供）で勝つことが大事であると考えます。

(3)　筆者は、貸出金利について、理論的な構成要素とは別に、二つの意味で考えてみます。それは、借入金利を借入人の立場で見た場合の意味です。

　一つは「支払金利」としての意味です。これは借入人にとって"支出の痛み"であり"利益をマイナスするもの"と感じることから、貸出金利は低いほうがよいと思うのが当然です。

　もう一つは、「信質バロメーター」としての意味です。「信質」という言葉は筆者の造語（注）で、それは貸出業務の「信頼性と品質」を表し、そのバロメーターが金利に現れ、「価値」であると考えます。

　この二つの意味から金利構成を見るとき、金利引下げ競争という現象は、「支払金利」としての意味しか見ていない場合の競争で、だれもが思いつく単純な発想です。筆者が、「価格競争で勝つことではなく、価値競争で勝つことが大事」と書いた意味は、貸出先が「支払金利」とは別に、金利のなかに「信質バロメーター」を認めることです。

　そのためには担当者自身が貸出業務で必要とする知識のみならず、誠実な対応を行い、貸出先から磐石な信用と信頼を築くことが求められます。その実現を図るためには、自らの能力と人格を高める不断の努力が必要であるということです。

（注）「信質」……『貸出業務の信質』（金融財政事情研究会・平成24年）
　　　「貸出業務に携わる人に求めることは「信用」「信頼」であり、その貸出業務について求めることは正しい考え方の「質」と、それを遂行する人のレベル＝「質」も重要であるという考えから「信質」という言葉をつくりました」

(4)　支店長が最後に、社長が乗っている車について話しました。その意味するところは、社長は金利水準が低いことを理由にして銀行を選考しているよ

うに見えますが、果たしてそうでしょうか。

「金利が高いから他の銀行から借りる」と社長が言っている場合、それを全部まともに受け止めるのではなく、その言葉の裏に隠されているのは、「貴行（貴方）と取引していても付加価値情報を与えてくれない、だから取引から新たに学ぶことは何もない」という不満があるのかもしれないということを考えてみる必要があります。0.1％の金利差は、10百万円の借入で年間利息はわずか1万円です。1万円のコストにこだわっている社長であれば、ベンツなんかに乗るでしょうか。

金利引下げ競争はだれでも思いつく安易な方法です。自ら勉強し知識を増やし、貸出先の経営や事業に役立つ情報やサービスの提供ができるようになれば、貸出先は情報・サービスに付加価値を認め、そしてあなたを信頼し信用して、金利が少しばかり高くても貸出はあなたのところに来ると思います。価値競争に勝てるように自らの知識と品性・人格を磨き高める努力が重要です。

第 3 章

取引先を知る

第1節
取引先要項の記載事項を理解する

　貸出業務において、貸出先＝債務者法人の企業概要をＡ４判１～２枚に簡潔にまとめた表を作成します。「取引先概要表」「取引先要項」「企業概要表」「企業調査書」「信用調査書」「法人カード」等、名称はさまざまですが、貸出先の企業概要を知るうえで重要な資料です（本書では「取引先要項」で統一）。

　貸出担当者が、自分が担当する貸出先の企業概要を把握することは、貸出業務の"はじめの一歩"といえます。"はじめの一歩"は、貸出業務という歩みを始めるうえで大事な踏み出しの一歩でありますが、その大事さを貸出担当者はどれほど自覚し認識しているでしょうか。

　取引先要項は、担当者のみならず、支店長、管理職者も見ます。また、稟議先であれば審査部（融資部）の担当ラインもこの取引先要項を見ます。すなわち、取引先要項の記載事項は当該貸出先について関係者全員が共有する情報であり、その内容は正確に記載されていなくてはいけません。そのためには、記載事項の定義・意味を知らなければ、正しく記載することはできませんし、正しく記載されていない取引先要項を見ても貸出先の概要・実態を正しく理解することはできません。

　ところが、コンピュータで自動作成される取引先要項をじっくりと精読する人は少ないように思われます。そもそも、取引先要項の記載事項の定義や読み方、チェックポイントなどを詳しく教えている銀行はないのではないでしょうか。そこで、筆者が研修で行っている「取引先要項の見方」について、事例をもとに説明いたします。

取引先要項 [法人用 (Ⅰ)]

年　月　日作成　　支店長

店名　　　店番　　CIF番号　　　　　　（単位：　　）

取引先名
①

事業内容
- 所在地 〒　　　　　　　　　　　TEL
- 資本系列　　②
- 業種
- 許認可 ③　有効期限 ③
- 格付年月日／(格付決算年月)　　格付
- 自己査定基準日　　債務者区分 Ⅱ　Ⅲ　Ⅳ
- 上場区分 ④　外部格付機関格付
- 創業 ⑤　　設立 ⑤　　資本金 ⑥
- 従業員数 ⑦　人　うちパート　人
- 業界地位（帝国データバンク）
  - 全国　　社中　　位　帝国評点
  - 県内　　社中　　位
  - (COSMOSⅡ番号　　)
- 預金開始日 ⑤
- 融資開始日 ⑤
- 取引度合

代表者
- ① 代表者　　生年月日
- 住所
- 正味資産　　年収
- 就任経緯
- 後継者　　　(関係)

営業所・工場 ⑧
事業所名	所在地市町村	事業所名	所在地市町村

経営陣
役職名	氏名	生年月日	担当
⑨			

株主構成 ⑩
株主名	関係	持株比率
		%
		%
		%
		%
		%
		%

当行親密度

- 当行出向・出身者　有無
- 氏名　　職位
- 氏名　　職位
- 保有当行株式　　千株
- 当行保有株式　　千株

経理担当者

関連会社 ⑪
企業名	事業内容	取引有無	与信額	融資取引店	CIF番号	格付	債務者区分	関係会社特記事項（企業間で債務者区分相違する場合等必要時記載）

所有不動産
所在地	種類	利用状況	面積	時価（百万円）	設定
			㎡		
			㎡		
			㎡		
			㎡		
			㎡		
			㎡		
合計					

所有資産
資産名	時価（本人）	時価（保証人）	うち処分可能額
現金・預金			
不動産　土地			
有価証券			
その他			
合計			

※不動産の建物はその他に含まれます。

沿革
（創業事情、事業の変遷、経営者交代等）

特記事項
（当行取引開始経緯・取引上の留意点）

過去最高融資額
年　月　日
稟議No.
　　　　百万円

前回査定結果
金融庁		日銀	
債務者区分		債務者区分	
Ⅱ分類額		S分類額	
Ⅲ	〃	D	〃
Ⅳ	〃	L	〃
合計		合計	

〈左記債務者区分と今回判定時の債務者区分が相違する場合で必要時記載〉

項目名の上に☆印がある場合は登録データが多く一部印刷されていない場合です。

第3章　取引先を知る

取引先要項 ［法人用（Ⅱ）］

年　月　日作成　　支店長

店名	店番	CIF番号	（単位： ）

取引先名	格付年月日／（格付決算年月）	格付

主要製・商品

	品目名	売上高（年間）	比率（%）	競争力、価格動向等	主要販売先	主要先	*印当行取引先	月間販売額	サイト／月	特記事項
					⑫					
	年間売上高合計		100			平均受取サイト				（輸出比率　　%）

主要仕入品目

	品目名	仕入高（年間）	比率（%）	価格動向等	主要仕入先	主要先	*印当行取引先	月間仕入額	サイト／月	特記事項
					⑫					
	年間仕入高合計		100			平均支払サイト				（輸入比率　　%）

決算状況

	年　月現在　決算期間　カ月　単位：百万円			年　月現在　決算期間　カ月　単位：百万円			年　月現在　決算期間　カ月　単位：百万円		
	流動資産	流動負債	売上高	流動資産	流動負債	売上高	流動資産	流動負債	売上高
	固定資産	固定負債	経常利益	固定資産	固定負債	経常利益	固定資産	固定負債	経常利益
	事業外資産	事業外負債	純益	事業外資産	事業外負債	純益	事業外資産	事業外負債	純益
	繰延資産	正味資産	繰越損益	繰延資産	正味資産	繰越損益	繰延資産	正味資産	繰越損益
	合計	（うち資本金）	（減価償却）	合計		（減価償却）	合計	正味資産	（減価償却）
	不良資産			不良資産					

融資シェア

	期別							給料日	
	銀行名	残高	シェア	残高	シェア	残高	シェア	支手決済日	
								諸経費支払日	
								ボーナス月	
								資金繰	
	合計	⑬							

業況等

〈事業基盤〉（実質破綻・破綻の場合はその原因等）　企業グループ、技術力、競合状態（輸入品との競合度合、同業者との競合状態）など。

〈財務面の特色と問題点〉（財務構成、収益構造　上の特色と問題点）　（　　）年から債務超過　※債務超過先は必ず入力する。

	年　月	年　月	年　月	年　月	直近期
正味資産					
繰越損益					
当期利益					
減価償却費					

〈非財務状況等の特記事項〉　　〈あらかん・キャスター特記事項〉

業況等の見通し

〈赤字・延滞等の解消見通し、当期の業績見通し、再建計画等〉

	当期見込	年　月
売上高		
（平均月商）		
営業利益		
経常利益		
当期利益		
（減価償却）		

当行取引方針

（実質破綻先、破綻先については現況および保証人の状況を記入）

項目名の上に☆印がある場合は登録データが多く一部印刷されていない場合です。

これは某銀行の「取引先要項」です。この要項をもとに記載事項について見るべきポイント、確認する方法等を説明いたします。

① 取引先名、代表者の名前は正しい漢字表記になっていますか。
   ・製鉄／製鐵、電気／電器／電機、機械／器械、器具／機具
   ・沢田／澤田、斉藤／斎藤／齋藤、広瀬／廣瀬、山崎／山碕／山﨑
   〜郵便、案内状等の固有名詞を宛先に書く場合は正確な表記を心がけます。

② 業種は正しく表記しなければいけません。
   業種名は総務省作成の「日本標準産業分類」に準拠し、小分類または細分類の表記を書くべきです。担当者の思いつき（創作？）で業種名を書いてはいけません。なぜならば、日銀調査統計局による業種分類も「日本標準産業分類」を基本としています。また、業種名を間違いますと、財務分析における同業種の平均経営指標値と比較する際、異なる業種平均値と比べることとなり、判断をミスリードする懸念が生じます。
   ・(例)「土木建設業」という業種はありません。
      →中分類「総合工事業」のうちの小分類として、「一般土木建築工事業」「土木工事業」「舗装工事業」「建築工事業」「木造建築工事業」があります。

③ 許認可を必要とする業種は許認可の事実を確認します。
   また、許認可期限がある業種については有効期限チェックも必要です。
   ・薬局、医薬品販売業……6年
   ・建設業、電気工事業……5年
   ・不動産業、産業廃棄物処理業……5年
   ・一般労働者派遣業……3年（更新時5年）

④ 「上場区分」という意味は、東証一部・東証二部・名証、マザーズという区分を意味します（注）。

(注) 東京証券取引所と大阪証券取引所は平成25年7月16日に現物株市場を統合し、原則として大証一部の銘柄は東証一部へ、大証二部は東証二部へ移りました。

　「上場区分」の欄に「上場・非上場」「公開・非公開」と書いているのを見かけますが、正しい書き方とはいえません。
　また、公開・非公開という言葉についても正しい理解をしていない人がいます。公開会社とは、会社法第2条の5で次のように定義される会社をいいます。「発行する全部又は一部の株式の内容として譲渡による当該株式の取得について株式会社の承認を要する旨の定款の定めを設けていない株式会社をいう」したがって、"公開会社は上場会社である"とはいえません。

⑤　創業年月日と設立年月日、預金取引開始日と融資取引開始日は正しく記載されていますか。次のような間違った記載をよく見かけますので注意してください。
　・創業年月日が設立年月日より後になっているケース
　・預金取引開始日が融資取引開始日前になっているケース
　・設立年月日が融資取引開始日より後になっているケース

⑥　資本金の金額は正しいですか。
　・取引先要項と決算書（B/S）に記載の資本金の金額が異なっているケースがあります。

⑦　従業員数は正しいですか。
　・従業員の定義を正しく理解していない人がいます。
　この取引先要項では、「従業員数　人、うちパート　人」となっています。この書き方によると、パートは従業員としてカウントしています。これでよいでしょうか。
　・従業員の定義を正しく知らなければいけません。
　　→中小企業の従業員基準は、労働基準法第20条の「予め解雇の予告を必要とする者」を従業員として考えています。パート・アルバ

イト・出向者であっても、解雇の予告の有無によって従業員数に入れるか入れないか、取扱いが異なります。なお、従業員数には役員は含まれません。
　〜従業員数をアバウトな数字で書いてはいけません。従業員数は、決算日（期末時）における正確な数字を記入しなければいけません。
　　→「中小企業基本法」の中小企業の定義は、資本金基準もしくは従業員基準のどちらかを満たすことで決められます。
⑧　営業所・工場／所有不動産の明細
　　この記載内容をみるときのチェックポイントは次のとおりです。
・自社物件でしょうか賃借物件でしょうか。
　→自社物件の場合は勘定科目内訳明細書の「7.固定資産」で、賃借物件の場合は同明細書の「15.地代家賃」で確認します。
・貸借対照表と突き合わせます。
　→自社物件の評価額と貸借対照表の固定資産（土地・建物）の金額と突き合わせます。
　　〜自社所有物件（土地）があるのに貸借対照表の土地の金額がゼロというケースもあります。
⑨　経営陣のなかで代表権をもっている者を明示することが大事です。まれに、代表権は代表取締役会長一人で、代表権をもっていない取締役社長がいます。
⑩　株主構成（持株数、持株比率）は必ず数字を合計して確認します。
⑪　関連会社の定義を知っていますか。
　　ほとんどの銀行の取引先要項には「関連会社」を書く欄があります。しかし、「関連会社」の定義を知っている人は少ないようです。
　　→「子会社」を「関連会社」のところに書いているケースが多いようですが、「子会社」と「関連会社」の定義は違います。
　　→「子会社」「関連会社」「関係会社」の定義
　　　〜子会社とは発行済株式数の過半数を保有され、関連会社とは発

　　　　　行済株式数の20%以上50%未満の株式を保有される会社をいいます。
　　→貸出先に対して、実質同一体管理・グループ合算管理を行う場合、通常は子会社と親会社は管理の対象になりますが、関連会社は管理の対象にしていない規定が一般的と思われます。
⑫　主要販売先・主要仕入先は最新情報ですか。
　　→主要販売先・主要仕入先が入れ替わることは業績に影響を与えます。
　　→毎年見直しして最新情報に書き換え、入れ替わった理由を把握することが大事です。
　　→当行本支店取引の有無、有の場合は当行格付や自己査定結果を、無の場合は信用調査会社の評点などを付記しておくことが望ましいでしょう。
⑬　融資シェア欄の数字について
　　→本欄の貸出合計金額と、金融機関別取引推移表の貸出金合計額と、決算書（B/S）の短期借入と長期借入の合算金額が、それぞれに異なる数字の場合があります。
　　〜資料間の整合性チェックが必要です。

第1節のまとめ

　多くの銀行において、取引先要項はコンピュータにより自動作成されています。貸出担当者が自ら手で書くことはありません。そのため、記載内容について責任をもってチェックする態勢が緩んでいる傾向にあると思います。取引先要項は、貸出業務を行ううえで、非常に重要な資料です。取引先要項は、見て眺めるだけではなく、記載内容が正しいか、最新情報に改まっているか、他の資料との整合性はとれているかという観点から精読してください。そのためには、記載事項の定義（従業員、関連会社等）について正しく理解することが大事です。それは企業取引を担当する者が身につけておくべき必要最低限の基礎的知識であると認識しなければいけません。

第 2 節

過去における主要な取引経緯について知る

場面 29　伊藤君は貸出増加目標の達成を図るべく、Z運輸に流通倉庫用地の購入を勧め、貸出に結びつけようと考えました。

伊藤君：社長、将来の業容拡大を見越して、流通倉庫用地の購入を検討しませんか。隣町に適当な売り物件がありますが……。

Z社長：いまはいらない。将来のことより、今期の業績のほうが心配だ。

伊藤君：日銀は2％のインフレターゲットに向けて金融緩和政策をとっています。将来、金利が上がるかもしれません。消費税がアップする前に、金利が低いうちに購入してはどうでしょうか。

Z社長：いま買っても使わなければ、金利と税金を払うだけだ。

伊藤君：公示価格が発表になりましたが、土地の価格は下げ止まったみたいです。いま買っておけば含み益が出ると思うし……。

Z社長：伊藤君ね、昔（20年前）、おたくの銀行に君と同じ伊藤という名前の支店長がいてね……。その伊藤支店長も君と同じことを言って……私は伊藤支店長から勧められるがままにその土地を買ったら、1年たたずしてバブルが崩壊して大変な目にあって、大損した。買った土地を売却しても借金を全部返せなくて、大変な苦労

をした。
　　君の銀行は、当社とそういうトラブルがあったという事実、過去のことは記録に残っていないの？　君はそういう昔のことを知らないの？

伊藤君：知りませんでした。

Ｚ社長：バブル時代に、おたくの銀行に勧められて、土地や株を買って大損したお客は、私が知っているだけでも何人もいる。バブル時代を知らない君たち若い人たちが、また同じようなことを言っている。歴史に学べという言葉があるだろ。

伊藤君：すみません。

Ｚ社長：経営者としていまの時点で借金して土地を買う必要性も必然性もないと思っている。君は当社の業績を知ったうえで流通倉庫用地の購入を勧めているのか。本当に当社の将来のことを考えて勧めているの？　多分、自分の業績を伸ばしたいという意識で借入を勧めているのではないか。

伊藤君：……。

Ｚ社長：銀行はころころ人が替わるが、大事なことはちゃんと引き継ぎをしてくれないと困るよ。おたくの銀行とうちとの取引は40年に及び、いろいろなことがあったのに、銀行には過去の取引経緯について記録がないようで……どうするの!?　私は社長歴25年になる。この25年間の主な出来事は全部覚えているよ。

　取引先要項の役割の第一は、前節で述べたように、貸出先の企業概要について最新の情報を関係者が共有することにあります。もう一つの役割は、当該貸出先と銀行との「主要な取引経緯」を記録し、保存することにあります。過去の取引記録を知るための資料としての役割です。しかし、取引先要項に過去に起きた「主要な取引経緯」を記録している銀行はほとんど見かけません。

貸出業務を通じて貸出先と信頼と信用の絆を強めるためには、取引の歴史が重要なポイントになります。上記事例に登場するZ社長は社長歴25年、一方、銀行の支店長や担当者は2〜3年で替わります。異動で担当が替わっても、「主要な取引経緯」が記録され、保存されていれば、それを読むことで、貸出先との取引の歴史を頭に入れたうえで話ができます。

　貸出先との「主要な取引経緯」を書き綴ることは、「事実の記録」であり「情報の蓄積」となり、現担当者にとって貸出先との会話や深耕を図るうえで重要な資料として利用できます。「主要な取引経緯」を記録していない銀行は、今日からでも書き綴ることを始めてみてはいかがでしょうか。

　ちなみに、どのような出来事を書いたらよいかという質問に答えるべく、具体例を以下に記してみます。

- 平成3年10月16日……土地購入資金貸出1億円（2年3月実行）について土地価格急落し、売却しても返済不能になりクレームあり
- 平成10年4月10日……創業30周年記念パーティに中村頭取と清田支店長が出席（ご祝儀5万円）
- 平成11年5月20日……創業者会長社葬に山田副頭取と持田支店長が参列（花輪とお香典5万円）
- 平成14年6月22日……本社改築設備資金許容時の担保設定書類徴求事務にミスあり、森田副支店長が謝罪訪問
- 平成20年9月22日……販売先あっせんに成功、社長より御礼の会食接待あり、平野支店長と山野課長が出席（場所は〇〇ホテル）

第2節のまとめ

　取引先要項に「会社の沿革」欄を載せている銀行は数多くあります。会社の創業、設立、事業の発展に伴う営業所や工場の増設、海外進出、また増資や経営者の交代等の記録が書かれています。

　「会社の沿革」に沿うかたちで銀行との取引の歴史もあるはずですが、その記録を「主要な取引経緯」として記録している銀行は数少ないといえま

す。貸出先側は代表者がその経緯を記憶しているにもかかわらず、銀行側はそれを記録していないのでは、情報の非対称性は大きいと言わざるをえません。

　銀行は、貸出先との「主要な取引経緯」を記録しておくべきです。特に大事なことは次の3点かと思います。

- ・取引開始の経緯（いつ、きっかけ、紹介者、担当者など）
- ・会社沿革における事業の発展拡大、縮小という場面における当行関与の記録
- ・取引関係、取引条件、事務処理、人間関係における出来事――トラブルや悪いことは必ず記録する

第 3 節

経営者に関する情報について

場面 30　三好君が担当するAA製作所は食品メーカーの機械を製造する会社です。当行の貸出取引順位は下位ですが、業績好調であることからシェアアップを図る方針を掲げています。

支店長：三好君、AA製作所宛訪問頻度をアップして、貸出シェアをアップできる機会はないか、情報はとれたか。

三好君：引き続き業績が好調なので、今年の夏のボーナスは昨年より大幅に増えると、経理の人は言っていました。

支店長：賞与資金でシェアアップを図りたいな。本業の機械の受注のほうはどうだ。

三好君：納豆の製造メーカーからの受注が決まったようです。

支店長：売上好調ならば増加運転資金の需要もあるはずだ。賞与資金もチャンスだな。何とか食い込み、シェアアップを図りたい。同社の社長に関する情報を書いた「経営者概要表」を見せてくれ。

三好君：はい、これです。

支店長：社長は慶應の経済卒か。高校はどこか知ってるか。

三好君：県立〇〇高校と聞いています。

支店長：高校や中学の名前もこの概要表に書いておきなさい。地元ネタ情報から人脈を利用した口利きルートを探すのに有効だから。最

　　　　終学歴の出身大学も大事だが、地元の中学、高校の人脈のほうが探しやすい。
三好君：△△町のＰ工務店の社長と中学、高校の同級生で親しいようです。またＱ洋品店の社長とは中学時代、野球部で一緒だったそうです。
支店長：そういう情報を得たなら、担当の君の頭の中だけではなく、必ずこの経営者概要表に記録しておきなさい。大事な情報は記録して、銀行として引き継いでいくことが大事だ。
三好君：すぐに概要表に書いておきます。
支店長：Ｐ工務店は当行の与信先だったな。では、Ｐ工務店の社長から口添えをお願いできないか探ってみよう。

　中小企業の経営・業績は経営者次第といえます。中小企業宛貸出取引において、どの銀行も貸出先企業について「取引先要項」を作成し、そこに経営者の略歴を簡単に書いていますが、「経営者概要表」として一つの資料を作成している銀行はあまり見かけません。

　中小企業宛貸出取引は言い換えれば経営者との折衝・交渉といえます。その経営者に関する情報を網羅する概要表を作成することは大きな意味と効果があります。取引の折衝・交渉相手である経営者に関するあらゆる情報を記録し、蓄積することは、折衝・交渉をうまく行ううえで重要な資料として役立ちます。

　上記場面では、シェアアップをねらうＡＡ製作所を攻めるに際し、ＡＡ社長の人脈を探し、Ｐ工務店の社長から口添えをもらえないかということを考えました。

　以下に「経営者概要表」のイメージを示すとともに、記載するポイントを記します。

経営者概要表

氏　名	①		生年月日 年齢② 　歳	出生地③	
現住所	〒　　　　　　　　　　　　　　　　　　　　　　　　　　　　　　TEL				
勤務先	(住所)　　　　　　　　　　　　　　　　　　　　　　　　　　　TEL				
	(役職)　　　　　　　　　　　（　　就任)				
	社内地位　創業者　代目　同族　その他		後継者④　無・有 (氏名　　　　関係　　　)		
現　職 (当社以外の企業での役職)					
年　収	百万円　納税額　千円 (　／　現在)　　　(　　年)		人　柄	⑧	
個人資産	⑤		健　康	⑨	
資　格	⑥		趣　味	⑩	
学　歴	⑦		関係団体	⑪	
略　歴	⑫				
家　族	配偶者　有・無　子供　男　人　女　人				
	明細	氏名　　　　生年月日　続柄　略歴			
	1 2 3 4 5 6 7 8 9 10	⑬			
特記事項	⑭				
	個人番号　　　　　作成日　　　　　店番　店名 　　　　　　　　　　　　　　　　　(　　)				

(注)　① 氏名……正しい漢字表記に心掛ける（例：吉田／吉田、渡辺／渡邊／渡邉など）。
　　② 年齢……オーナーの場合、55歳以上であれば事業承継対策の必要あり。
　　③ 出身地……生まれた所と主たる生育地（都道府県名）。
　　④ 後継者……後継者と目されている人。
　　⑤ 個人資産……担保となりうる資産。
　　⑥ 資格……具体的に記入。
　　⑦ 学歴……最終学歴だけでなく、地元の中学、高校。また学科や部活動も記入。
　　⑧ 人柄……「温厚」「誠実」というあいまいな表現は避け、具体的事実から見える性格。
　　⑨ 健康……機微な情報にて取扱いには注意する。
　　⑩ 趣味……具体的に記入。
　　⑪ 関係団体……学校OB、業界、地元経済界等の役職。
　　⑫ 略歴……転職歴、当社入社経緯等。
　　⑬ 家族……相続発生時に対応できるように家計図で表す。続柄・年齢・学歴・職業等を付記する。
　　⑭ 特記事項……人間関係における好き・嫌いな人物、好む話題・避けるべき話題等。

第3節のまとめ

　中小企業に対する貸出業務において、「人を見て貸せ」という言葉を聞いたことがあると思います。この「人」とは「経営者」です。

　第1節で書いた「取引先要項」は企業の概要、すなわち最新時点の属性を中心に構成されています。一方、本節の「経営者概要表」は経営者の属性だけではなく、過去の履歴や性格・能力・人柄について、また家族や人脈も記載することがポイントです。

　経営者概要表を作成する意図は、経営者をよく知ることに目的がありますが、次のように利用できます。

　一つは、貸出判断に際して、財務内容の分析と実態把握を行いますが、責任者である経営者の考え方や性格を知るために利用します。経営者として慎重派なのか行動派なのか、営業向きか研究者タイプなのか……等。

　二つ目は、貸出取引の推進や撤退、取引条件の交渉にあたる場合、いろいろな人脈情報を知ることで折衝・交渉を優位に進めるために利用します。

　三つ目としては、経営者に関する情報を書面で引き継ぐことができます。さらに、経歴、家族、趣味、略歴等から得られる交友関係なども知ることができます。また、経営者と面談するうえで気遣うことを知っておけば、話題で失敗することは避けられます。たとえば、政治的信念や宗教的信仰心が強い経営者に対しては、そのような話題は避け、また経営者自身や家族の機微に触れる話題（病気や学歴等）に気遣うことは当然です。

　どれも、経営者概要表に記載されている情報から総合的に判断して、経営者としての手腕・能力や責任感、リーダー性、品性等を読み取ることが大事です。

　中小企業取引に際しては、「取引先要項」だけではなく、「主要な経緯一覧表」や「経営者概要表」を作成することで、銀行として貸出先の情報を蓄積し、共有し、そして引継ぎすることが大事です。

第 4 節

事業内容を知る

　貸出業務を遂行するためには、単に貸出先の財務内容や経営実態を把握するだけではなく、貸出先の事業の背後にある産業動向、すなわち業種・業界の現状と将来の見通しについて正しい判断を行わなければいけません。いわゆる成長産業の陰には、停滞ないし衰退産業があり、経済がグローバル化するなか、その栄枯盛衰・変貌の実態には著しいものがあります。

　貸出担当者としては、第一に貸出先の事業内容・取扱商品を知ることが大事です。取り扱っている商品の市場動向に関心をもつと同時に、業界の現状と将来について知る努力も行わなければいけません。

7 取り扱っている製品・商品を知る

> **場面 31**　竹内君はBB鋼材に対する当座貸越極度枠1億円の増額稟議を作成して、支店長に回しました。

支店長：竹内君、BB鋼材の業種は取引先要項に鉄鋼業と書いてあるが、これは間違いだろう。鉄鋼業は製造業の中の中分類だが、BB鋼材はメーカーではなく鉄鋼製品の卸だよな。

竹内君：そうです。鉄鋼一次製品の販売です。

支店長：取引先要項の業種欄は修正しておきなさい。業種名は正しく書くこと、いいね。

竹内君：はい、わかりました。

支店長：BB鋼材は鉄鋼一次製品の何を主に扱っているの？

竹内君：……え～と、よく知りません。

支店長：竹内君ね、貸出担当者は取引先が何をやっているのか、どういう商売をしているのかを知らなくちゃダメだよ。事業内容を理解して貸出の必要性、金額の妥当性を検証しないと。当座貸越枠を増額する理由について、本当に増額する必要があるのかは、事業の実態を知らなければ判断できない。BB鋼材から言われたから、言われたとおりに事務的に稟議を書く……という考えではいけない。

竹内君：はい、すみません。

支店長：同社のパンフレットを見ると棒鋼が売上げの70％を占めている。次にH形鋼が20％。竹内君は棒鋼、H形鋼ってどんなものだか知っているか。

竹内君：棒鋼はよく知りませんが、H形鋼というのは断面がHのかたちのアレですか。

支店長：そうだよ。では、H形鋼は何に使うの？

竹内君：ビル建築ですか。

支店長：そうだね。H形鋼はビルの柱になる。棒鋼は建築用鉄筋コンクリートで使う……コンクリートがよく付着するように突起がついている丸棒で、壁や床や柱にコンクリートを流し込む前に組んでいる鉄の棒……わかるだろ。

竹内君：はい、わかります。

支店長：棒鋼、H形鋼が建築に使われるということを知れば、販売先に建設会社が多い理由もわかるよね。ということは、ビル建設などの業界動向によって同社の売上げが左右されるということもわか

　　　　るよね。
竹内君：そうですね。よくわかります。
支店長：それから大事なことは、棒鋼、H形鋼の価格相場は動いている。その価格動向はインターネットで調べられる。いま、棒鋼、H形鋼の価格はどう動いているか知っているか。
竹内君：すみません、知りません。
支店長：年初から建設用鋼材の流通価格が上昇しているという新聞記事を何回か見た記憶がある。インターネットで調べてごらん。
竹内君：建設需要が増えたということですか。
支店長：記事の内容をそこまで詳しく覚えていないが、鋼材価格が上がるということは、鉄鋼メーカーが値上げしたのか、建設関連の実需が増えたのか、どちらかだと思うが……。建設用鋼材価格が上昇した背景も調べ、BB鋼材の増加運転資金需要が妥当であるかを検証してみてくれ。
竹内君：わかりました。支店長のお話を聞き、勉強になり、よくわかりました。ありがとうございます。

　貸出先の事業内容や取扱商品を知ることなくして、正しい貸出判断はできません。取引先要項に書いてある業種を見ても、それだけで事業内容を知ることはできません。また、パンフレットやインターネットの写真を見てわかったつもりになってもいけません。大事なことは、現場で現物を見ることです。実際にモノを見て、できれば触れて確認してください。取り扱っている製品・商品に興味をもつことが大事です。

　最終製品ではないモノ（部品、中間材等）は、用途を知らなければいけません。鉄鋼製品でも用途が異なれば、販売先（ユーザー）は異なります。上記場面の棒鋼とH形鋼は建築用ですが、高張力鋼板は自動車用で、販売先は当然に建設業界と自動車業界で異なります。鉄鋼一次卸問屋といえども、扱っている鋼材の用途によって販売先の業界の需要動向は異なり、業績に差が

出てきますし、将来性も違ってきます。

2 売上構成を知る

> **場面 32** CCマート（スーパーマーケット）の業績が悪いという噂を聞いて、支店長は担当の斉藤君を呼び寄せ、状況を聞きました。

支店長：斉藤君、CCマートの業績が悪いと聞いたが……。
斉藤君：今期も減収減益のようです。
支店長：原因は？
斉藤君：よくわかりません。
支店長：よくわかりませんでは困るよ。社長は何と言っているの？
斉藤君：最近、社長には会えていません。
支店長：前期の売上げはどうだったの？
斉藤君：前期も減収減益でした。
支店長：その原因は調べてあるよね。
斉藤君：前期は前々期比6％の売上減でした。
支店長：売上減少の原因はどこにあるの？
斉藤君：減少要因については詳しくは教えてくれないのです。
支店長：なぜ？　教えてもらえないからといって、何もしていないの？しっかりと問い質したのか!?
斉藤君：聞いても教えてくれないんです。
支店長：銀行取引約定書の第15条には何て書いてある!?
斉藤君：銀行取引約定書の第15条……、わかりません。
支店長：銀行取引約定書の第15条には「経営や業況について、銀行から

請求があったら遅滞なく報告する、また調査に必要な資料を提供する」という条文が書いてある。これに基づき、知りたい情報の開示を求め、売上減少の原因を把握しておく必要がある。

斉藤君：それは文書でお願いしたほうがいいですか。

支店長：口頭でお願いしてもいいが、文書で「これとこれについて、こういう数字を教えてくれ」と書いて渡したほうがいいかも……。

斉藤君：どういうことを質問したらいいでしょうか。

支店長：そこまで言わないとわからないのか。
　　　まずは、どこの店の売上げが落ちているか知るために店別売上げの数字、そして、商品別売上げの数字も見ておく必要があるな。スーパーの商品はどのように区分されているのか詳しく知らないが、一般的には畜産・農産・水産・惣菜・食品菓子・雑貨くらいに分けているのではないか。そこはCCマートの分類方法でいいから……。

斉藤君：早速、店別と商品別の売上げの数字を開示してもらうよう、銀行取引約定書の条文も見せて交渉してきます。

　企業経営にとって最も重要な数値は売上高です。売上高が製品・商品に対する顧客の支持の度合いを示しているといえます。

　売上高について、増収増益とか減収減益という一言で片付けてしまう人がいますが、これは感心しません。売上高は企業経営にとって最も重要な数値であると認識して、その増減要因についてはしっかりと原因を追求し把握する必要があります。

　上記場面では、スーパーマーケットということで、店別と商品別の売上分析を図ろうとしています。これ以外にも、地域別（海外・国内、あるいは県内・県外）、販売金額段階別、顧客別・顧客年齢層別、新製品・既存製品別、為替要因等々、売上構成を要素別に分解してみることで、増収・減収の要因が把握でき、次の販売施策につながります。

また、売上げを「単価×販売数量」で分析すると、単価アップ（値上げ）要因によって売上高は増収でも、販売数量を見ると市場全体の拡大に比べてシェアを落としている場合もあります。
　このように、売上高については表面的な数字だけを見るのではなく、売上げの中身まで踏み込んだ分析を行わないと、業績の実態把握はできません。

3 価格動向を知る

場面 33　例年、DD水産は正月用商品の仕入資金は借入によって資金調達を行います。今年も借入申出があり、担当の関根君が稟議書を書きました。

支店長：関根君、DD水産の稟議を見ているが、添付されている「季節商品仕入販売計画表」の数字が気になる。

関根君：電卓で金額合計はチェックしましたが……。

支店長：電卓をたたく前に、単価がおかしいと思う。

関根君：単価ですか。

支店長：そう、仕入単価だ。昨年に比べてずいぶんと高いので気になり、調べてみた。君は単価を検証したか。

関根君：いえ、単価までは……。

支店長：先方の説明や数字を鵜呑みにせず、自分で検証することが大事であると何度も言っているだろ。DD水産が、実際の仕入金額より多く借りるためには、仕入数量は同じでも単価を上げれば借入できる。

関根君：そうですけど……。どうやって魚の単価を調べるのですか。

支店長：インターネットで調べることができる。東京都中央卸売市場―

市場取引情報—日報—販売結果—水産—日付選択とクリックすると品名ごとに価格が表示されている。
関根君：知りませんでした。支店長はよく知っていますね。
支店長：いまはインターネットでいろいろと調べることができるので、便利だから君も利用しなさい。
　　　そこで……、魚の価格だが、東京都中央卸売市場の市場取引情報では高値・中値・安値と表示されている。この計画表に書いてある単価はどの価格と比較したらいいかわからない。そこで、計画表の今年の仕入価格を前年比で見たとき、DD水産の計画表では仕入れする「すじ子」「カニ」「まぐろ」の単価は前年より高く書いてあるが、東京都中央卸売市場の市場取引情報を見ると、どれも前年比安くなっている。だから、DD水産に行き、もう一度単価について確認してほしい。
関根君：わかりました。

　借入申出内容を検証するとき、また売上げを分析するとき、製品・商品の価格動向を知ることは大事です。
　上記場面では、例年の仕入資金借入に乗じて、余分に借りたいという意図があるとき、仕入数量は同じにしても、仕入単価を水増しすれば可能です。鮮魚の仕入単価は相場で決まり、銀行はそこまで調べないと思っているかもしれません。
　〈場面31〉の棒鋼、H形鋼の価格は新聞で報じられますが、魚の種類ごとに卸売単価が報じられることはありません。しかし、インターネットでさまざまな価格動向を調べることは可能です。
　たとえば、次のようなことがあります。
　　○灯油とプロパンガスの販売小売店の売上げは5年間横ばい状態でした。しかし、同社がある自治体における5年間の灯油小売価格とプロパンガス小売価格の推移を調べたら、灯油価格は50％アップ、プロパ

ン価格も20％アップしていました。ということは、売上げが5年間も横ばいであるということは、販売先（顧客）数が減少しているのかもしれません。
○工事立替資金借入に際し、工事請負契約書の原本を確認したいと申し入れるも消極的な業者がいました。発注した△△市のHPで入札結果を見ると、業者の説明金額より5百万円少ない金額でした。

　貸出業務を数字増加競争のようにとらえ、また貸込みすることによって目標達成をねらう人にとっては、価格を調べる必要性を感じていないかもしれません。むしろ上記場面においても、多く貸したいと思っているかもしれません。本来の資金使途による必要金額を超えて貸すということは、その金額（余計に貸した金）は事業投資に回らず、費消されると、返済原資がない貸出になるということです。不良債権になるリスクが高い貸出を行ってまで目標にこだわるべきか、よく考えなくてはいけません。

4 業界の現状と将来をみる

> 場面 34　地元では老舗といわれるEE酒店から、店舗をリニューアルする設備資金借入の申出があり、担当の清水君が稟議書を書きました。
>
> 支店長：清水君、EE酒店はなぜ、店舗をリニューアルするの？
> 清水君：ここ数年、売上げが伸び悩んでいるので、店舗改装によって客を呼び戻したいという考えです。
> 支店長：店舗改装をしてお客さんが戻るかね。売上低迷の原因は店舗が古いということではないと思うよ。
> 清水君：と言いますと……。

支店長：いま、全国的に酒屋の経営は悪い。どうしてだかわかるか。

清水君：わかりません。

支店長：酒屋を担当しているなら、担当先の業界のことをもっと勉強しなくてはダメだぞ。

清水君：EE酒店は老舗で、資産も十分ありますから。

支店長：老舗だから、資産があるからといって、倒産する可能性はある。

清水君：つぶれますか。

支店長：つぶれなくても、経営が行き詰まって、転廃業を余儀なくされる事態は起こりうる可能性はあるぞ。酒販店の経営はいま苦しくなっている。

清水君：売上げは少しずつ減少していますが、そうは見えませんが。

支店長：貸出担当者は、貸出先の事業の現状と将来性を見極めることが大事だ。EE酒店はなぜ売上げが減少傾向にあるのだ？

清水君：お酒を飲む人が少なくなった……、あるいは1人当りの消費量は少なくなったのではないですか。

支店長：もちろん、そういう傾向もあるだろう。でもいちばんの原因は酒類販売の免許制度が大幅に緩和されたことだと思う。昔は、ビールや日本酒は酒屋でしか買えなかったが、いまはスーパーでもコンビニでも買えるようになった。酒屋に行かなくても、スーパーへ買い物に行ったついでに、ビールも買うようになった。また、酒のディスカウントストアもできて、価格も自由化した。その結果、町にある酒屋さんで酒を買う人が少なくなっているのが現状だ。だから、借入して店舗改装したら、お客が戻ってくるという考えはどうかなと思う。

清水君：どうかな……と言われましても。どうしたらよいですか。

支店長：私が、EE酒店に行き、社長と話をしてみる。

清水君：どのような話を……ですか。

> 支店長：酒屋経営を続けるか……という将来について話してくるよ。いままでと同じ商売では経営は苦しいし、借入すればなおさらだ。酒の小売店は、ワインショップや日本酒専門店のように専門化するとか、固定客の自宅へ宅配サービスするとか、特徴を出さなければやっていけない。だから、コンビニやミニスーパーへ転換する酒屋も多い。
> 清水君：私も支店長に同行していいですか。
> 支店長：もちろん、いいとも。

　いつの時代も産業構造の変化はあります。その結果として、いまの時代には、企業の消長にとって従来には見られなかった新たな要因が生まれつつあります。それは、産業構造の変化、技術革新の発展、グローバリゼーションの進展等に遅れることで、業界自体の衰退、企業の業界内における地位の低下が生じることです。

　上記場面は酒販店の経営について書きました。かつては法律や酒販組合の政治力などで酒販店の経営は守られていました。しかし、平成2年に行われた日米構造協議の圧力（大規模小売店舗法の規制緩和）で酒類の免許制度は大幅に緩和され、いまや大手スーパーやコンビニでも酒類販売されるようになりました。その結果、年間酒類販売額における従来の酒屋さんの売上シェアは80数％から30％以下に落ち、酒販店の経営は厳しくなったということです。

　このように、それぞれの業界を見るとき、必ず現状における問題点と、将来にわたる見通しというものがあります。これを知らずして、貸出業務を行うことは危険です。将来性がない業界の企業に大きな設備資金貸出を行う場合は慎重に検討を行わなければいけません。

　貸出業務の基本原則のなかに「成長性の原則」があります。銀行は、貸出先が企業として発展・成長することに貸出業務を通して寄与すると同時に、自ら発展する必要があります。企業の成長性を見極めるためにも業界の動向

を知ることが大事です。現在取り扱っている製品・商品や技術が好調であっても、数年後もそれが好調であるという保障はありません。同じ業界内における新商品や新技術、価格動向についても関心をもたなくてはいけません。

そのためには、自分自身のアンテナ機能を磨くことが大事です。その磨き方は、担当先の事業内容、取り扱っている製品・商品に興味と関心をもち、勉強することが基本になります。そして、「風が吹けば桶屋が儲かる」という発想で社会の変化やニュースを見て考えることです。

たとえば、「少子高齢化」というニュースを聞き、子供が少なくなることで影響を受ける業界はどこか、高齢者が増えることでどのようなビジネスが伸びるか等々を考えるとおもしろいと思います。そのようなテーマはたくさん転がっています。原発問題から新エネルギー対策によってどの業界がどうなるのか、エコ・環境問題ではどうか……。

担当する貸出先の業界の現状と動向を調べる際の資料として、金融財政事情研究会編の『業種別審査事典』が広く活用されています。『業種別審査事典』は、「Ⅰ 業種の理解」「Ⅱ　業界の動向」「Ⅲ　業務内容・特性」「Ⅳ　審査のポイント」「Ⅴ　取引推進上のポイント」「Ⅵ　関連法規制等」で構成されていて読みやすくわかりやすいので同書の活用をお勧めします。

第 5 節

現地・現場に行き、現実を見る

場面 35 FF運輸倉庫の□□県○○市にある営業所が東日本大震災で傾き、建て替えるための設備資金支援の申出がありました。担当の井野君は主力銀行として全額当行で支援する内容の稟議書を書きました。

支店長：FF運輸倉庫宛てに設備資金貸出を行う件はこれでよいが、稟議書には被災した営業所の写真がついていないが……。

井野君：会社で見せてもらいましたが……。

支店長：現地には行ったのか。

井野君：いえ、行っていません。

支店長：じゃ、二人で行こうか。

井野君：えっ、行くのですか。片道3時間はかかりますよ。

支店長：時間はともかく、現地・現場を見ておくことが大事だ。現地・現場に行って、現実を見ることが大事だ。営業所は建替えするが、倉庫やトラック、また駐車場や塀などには被害はなかったの？

井野君：それは聞いていません。

支店長：先方からの説明がなくても、○○市に営業所があることを知っていれば、こちらから「どうでしたか」と尋ねるのが普通だぞ。

> 　　　当店取引先で被災地に営業所や工場をもっている会社はほかにな
> 　　　いか、後でいいから調べてくれ。
> 井野君：わかりました。
> 支店長：千年に一度といわれるほどの大災害なのだから、周辺がどうな
> 　　　っているかも見ておきたい。そういえば、まだFF運輸倉庫の社
> 　　　長宛てにお見舞いの言葉もまだ言っていなかった。
> 井野君：社長は〇〇市の営業所の被災のことだけでなく、営業への影響
> 　　　もあり大変忙しく、ほとんど本社にいないみたいです。でも、何
> 　　　とかアポイントをとるよう頑張ってみます。

　机に座って、貸出先のファイルや決算書を見ているだけでは、取引先の実態把握はできません。正しい貸出判断もできません。「百聞は一見に如かず」という言葉があるように、書類を読んで知ることと、実際に行って、見て、知ることとは大きな違いがあります。

　貸出を担当する者は、現地・現場に足を運ぶこと、現物を確認すること、そして現実を知ることが大事です。これを行わずに、決算書や書類を見て、理論や理屈を述べても説得力を欠きます。映画『踊る大捜査線』で青島刑事が言った「事件は会議室で起きてるんじゃない。現場で起きてるんだ！」という言葉が流行ったのは、現場・現物・現実という視点が欠けていることを警告する意味があると思います

　現地・現場に行くことで、そこまでの距離や移動時間、その場所の位置、環境、広さがわかります。行った先にはそこの空気があります。その会社の匂いを感じ、音を聞き、そこで働く人たちの熱気や雰囲気を感じます。会社の立地場所はもとより、建物の大きさ、古さ、働いている人たちの顔、忙しさ・慌しさ・あるいは静けさ、勤務態度などは、書類からはわかりません。工場や営業所に行くと、人や機械の動きから活気などが伝わってきます。これらを肌身で感じることが大事です。目に見えること、耳に聞こえること、現物を手にとったときの感触等、五感で感じることにより、現場で起こって

いる現実を把握できます。実際に現場に行き、現実を見ると、頭に描いていたイメージとまったく異なる状況を目にしたり、意外なことを目撃することがあります。裏を返せば、現場に立脚しない机上の理論は役に立たないことがわかります。

本社訪問はもちろん、工場見学、営業所視察、そして不動産担保物件については必ず現地確認を行うことが大事です。

現場・現物・現実を見るとき、先方からいろいろな説明があると思います。社長、経理部長、あるいは工場長から受ける説明は、まずは素直に聞いてください。ただし、それを全部鵜呑みにしてはいけません。貸出先によって行われた説明本位に物事を考えずに、できる限り客観的、論理的に理解するよう努めてください。

たとえば、「この新商品は評判がよい」という説明があったとします。これは、貸出先の主観的表現であり、銀行によいイメージをもってもらいたい、よい情報を与えたいという思惑が働いている説明かもしれません。そういう場合は、評判がよければ売上げが増加して、来店客数も増えると考え、売上高や販売数量、来店客数などの数値を質問することで、数値に基づく因果関係をチェックし、客観性を高め、説明内容の検証を行うことができます。

★本社訪問で何を見て、何を聞くか
［目に見える、見ること］
- 建物……周囲・周辺の状況、建物の大きさ・広さ、老朽化の程度
- 社長室……広さ、書籍雑誌、飾り物（絵画・表彰額縁・優勝カップ）
- フロアー……社員数、勤務態度、社員の表情、月間予定表（黒板）
- その他……トイレ・床・階段、清掃具合、郵便物、標語・スローガン、社訓、人の出入り・動き、花や観葉植物、社長車、PC機種、書類等の整理整頓、ポスター、カレンダー

[耳に聞こえること]
- 挨拶、電話、仕事上の会話、私語、社員間の話声の大きさ、社長・役職者と社員の会話、返事

[聞くこと]
○経営者に聞く
- 数字に関すること←数字についてどれほど知っているか……売上高、生産高、利益額、利益率、社員数、借入金等
- 将来の夢・目標←生き生きと語るか……中長期計画の目標数値、海外進出、工場・店舗の拡充等
- 業界動向←視野の広さはどうか……業界の先行き、グローバル化、先端技術、新商品開発等
- 社員について←社員への関心度、社員を大事にするか……社員教育、福利厚生、採用、賞与等
- 現在の関心事←事業に専念しているか……ゴルフの頻度や腕前、政治家との付合い、業界団体等の役職
- 家庭と健康←私生活は健全か……経営者自身の健康、家族の健康、家庭は円満か、等
- 銀行取引←競合相手を探る……他行の取引状況や満足度、不満はないか等

○社員に聞く
- 社長の性格について……好かれているか嫌われているか、ワンマンか、人情味は……
- 社長の能力について……褒める・悪口、信頼の有無、論理的・感情的、リーダー性は……
- 社長の行動について……来客の顔、だれとゴルフ、よく来る銀行は、勤務時間、家庭状況
- 社員たちのやりがい……仕事が楽しいか、給料や賞与に不満はないか

★工場訪問で何を観て、何を聞くか

[見ること]

素人の銀行員が観るべきポイントは何か。

- ・工場立地に問題はないか……宅地化、騒音等の問題
- ・工場の規模、築年数、老朽具合
- ・主要機械とその稼働状況
- ・工程は自動化されているか、人の手を必要とするラインか。
- ・ロボットやPC操作によるか、手動か。
- ・材料や仕掛品や製品、あるいは人の動線で気になることはないか。
- ・工場内の整理整頓ができているか。モノが雑然と置かれていないか。
- ・清掃が行き届いているか。不潔感や汚さを感じないか。
- ・照明が暗くないか。機械や加工の手元に暗さを感じないか。
- ・在庫管理ができているか。不良在庫や使用期限切れのものはないか。
- ・故障している機械はないか。点検整備は定期的に行われているか。
- ・製造過程において停滞していないか。段取りはできているか。
- ・挨拶はキビキビ行われているか。
- ・私語や長話をしていないか。
- ・制服、帽子は身だしなみよく着用されているか。
- ・納期管理はできているか。
- ・品質管理や省エネの標語、ポスターはあるか。

[聞くこと]

工場見学で最も重要なポイントは「原価低減」に関する質問です。メーカーにおいて、生産側は常に原価低減との戦いに明け暮れているといっても過言ではありません。本社の経営あるいは経理が工場へ注文することのトップ項目は原価低減の目標達成です。工場は、自ら究極の製造原価に近づくべくあらゆる方法を駆使して努力しています。

そこで担当者としてその点の質問は欠かせません。すなわち、原価低減目標を聞き、それを実現するための方法・手段、そして現時点における進捗状

況を聞くことは、工場側にとっては痛いところを突かれたということになります。この点について胸をはって説明できるか、笑ってごまかすかによって、工場のコスト意識や収益マインドに対する問題点が見えてきます。

第 6 節

業績動向を知る

7 決算書ができあがるのを待つ担当者

> 場面 36　支店長は、新人の松本君に担当させたGG技研の業績が気になっています。平成25年3月期が過ぎたので、松本君を呼んで質問しました。
>
> 支店長：松本君、GG技研の前期業績はどうだ？
> 松本君：まだわかりません。
> 支店長：わかりませんというのはどういうことだ。3月を過ぎたのだから前期の業績見込みくらいわかるだろ。
> 松本君：まだ決算書をもらっていません。
> 支店長：決算書をもらっていなくても、売上げと利益がどのくらいになるか、担当者として聞いていないのか。
> 松本君：はい、聞いていません。
> 支店長：……（あきれて声が出ない）……。

この〈場面36〉の要点を整理してみます。

　① 支店長は松本君にGG技研の決算期が過ぎたので、同社の業績見込みについて質問しました。

② しかし、松本君は答えられませんでした。その理由として、同社の決算書をまだもらっていないからと説明しています。
③ 支店長は、決算書ができあがってこなくても、担当者は貸出先の業績見通しくらい把握していなくてはならないとの考えです。

講義のポイント

(1) 担当者は、決算書ができあがる前においても、日常的に貸出金の債権管理や貸出先の実態把握に努めていれば、売上高や利益のおよその数字については把握できるはずです。むしろ、把握していなければいけません。

(2) 決算書ができあがるのを待っている担当者は、できあがってきた決算書の数字をそのまま受け入れてしまう傾向があります。決算書ができあがる前に、担当者として集めていた数値（月商ヒアリングや社長・経理部長から聞いた事前情報等）を知っていれば、できあがった決算書の数字と比較することから始まります。決算書の売上高が予想していた数字よりずいぶんと大きいなあ……と思った場合、数字を精査する必要性を感じるはずです。

2 決算分析はコンピュータ任せ

場面 37
前場面の続き。
松本君はGG技研の決算書をもらってきました。

支店長：松本君、GG技研の決算書をもらえたらしいな。
松本君：はい、もらってきました。
支店長：それで、どうだった。
松本君：コンピュータ分析はまだできていませんからまだ中身についてはわかりません。

支店長：GG技研の決算書をもらったのに君は中身を見ていないの？

松本君：すぐにコンピュータ分析へ送りましたから……。

支店長：決算書のコピーはとってあるだろ。それを見て、明日までに決算の概要を簡単でいいのでまとめて、メモにして報告してくれ。

松本君：えっ、私がやるのですか……。

支店長：だって君が担当だろ。君以外にだれがやるの⁉

松本君：実は自分で決算分析をやったことがないんですが……。

支店長：ならば自分でやってみることが大事。実際にやってみないと、いつまでたっても決算書が読めないままだぞ。決算書を読めるようになるためには、経験をたくさん積むことが大事だから、これを機に自分でやってみなさい。コンピュータに頼ってばかりいて、自分で電卓をたたいて分析したことがないと、生の決算書をその場で見たとき、どこに財務上の問題点があるかというポイントのつかみ方がわからない。それでは、取引先に行って恥をかくことになる。

松本君：コンピュータによる分析結果は……。

支店長：コンピュータ分析の結果が送られてきたら、君が行った決算分析メモと一緒にあらためて支店長席に回してほしい。自分が行った決算分析とコンピュータ分析と比較して、必要なコメントがあれば書いて回してほしい。

松本君：初めてやるので……。

支店長：だれだって初めての経験はあるものだ。心配はない。最初は時間がかかるかもしれないが、慣れてくればコツをつかめるようになる。分析するポイントは基本的に同じだから、すぐに慣れる。
　決算書も読めない貸出担当者です、なんて、恥ずかしくて貸出先に言えないだろうが。

松本君：わかりました。頑張ります。

この〈場面37〉の要点を整理してみます。
① 松本君はGG技研から決算書をもらってきましたが、自ら分析することなく、決算書をコンピュータ分析する部署に回しました。
② 支店長は松本君に決算書のコピーを使って電卓で分析し、決算の概要をメモにして回すように指示しました。松本君はいままで、自ら電卓で決算書を分析したことがないようです。
③ コンピュータ分析の結果は、自ら書いた決算分析のメモと一緒に回し、自分で行った決算分析とコンピュータ分析と比較して気づいた点、異なる点があれば必要なコメントを書いて回すようにと支店長は松本君に指示しました。
④ 松本君は不安そうでしたが、決算分析のやり方は基本的に同じパターンだからすぐに慣れると、支店長は諭しています。

講義のポイント
---

(1) 財務分析は最も基本となる企業調査の方法といえます。現在、ほとんどの銀行は財務分析をコンピュータに委ねるようになりました。昭和50年代後半頃から、コンピュータの利用拡大に伴い、コンピュータによる財務分析も貸出業務の効率化・合理化を図る一環として取り入れられました。

確かに貸出担当者が財務分析を行うことにかかっていた時間が短縮され、貸出業務の効率化・合理化を図ることができました。その効果はきわめて大きいといえます。しかし、昨今の貸出業務の実態をみるとき、その副作用としての弊害が目立つようになってきたと思います。

コンピュータによる財務分析システムの導入は1980年代から始まり、約30年がたちます。その弊害は何かというと次の2点をあげることができます。
① コンピュータ依存症にかかり、担当者自ら財務分析を行わなくなりました。その結果、決算書を読めない担当者が多くなり、このことは人材育成面で大きなマイナスになっています。
② コンピュータ分析の結果は、本来は参考資料として利用すべきとこ

ろ、分析結果の総合評点を見て企業の良否をイメージするようになり、財務内容を自ら精査分析する姿勢が見られなくなってきました。

その流れのなかで行われた「スコアリング貸出」「コンピュータ審査」による貸出は、多額の不良債権を積み上げることになったようです。

筆者はコンピュータによる財務分析はこれからも有用であると考えます。ただし、その結果は審査を行ううえで参考資料として利用するものであるということを知り、コンピュータの結果（たとえば評点）をもって判断することは危険であることを知るべきです。

(2)　コンピュータによる財務分析はこれからも有用であると考えるものの、現実の弊害を解消しなければいけません。なぜならば、コンピュータによる財務分析に慣れて、決算書の基本的な枠組みが理解できていないようでは、人材育成面において本末転倒といえるからです。

そこで、新人のときには財務分析を手作業で行わせることが有効かと考えます。自ら電卓を使って財務分析を行うことで、決算書の仕組みはもちろん、経営指標の算出式も理解できるようになります。また、財務分析の手法は基本的にどの企業に対しても同じことから、手作業で行うことを繰り返し行えば財務分析のコツもわかってくると思います。これを1年間行わせれば、生の決算書を見た段階で、財務上の問題点を指摘できるレベルになると思います。

コンピュータ分析の結果を見ることと、自分が手作業で行うこととは、理解の深さが明らかに異なります。最初は遠回りかもしれませんが、貸出業務のプロを育成するための指導方法としては、このような方法が有効かと考えます。貸出担当者は決算書を読む力がなければいけません。

(3)　財務分析をコンピュータに頼り、自ら電卓で決算書を分析したことがないという貸出担当者が多いようです。貸出担当者は自ら決算書を読む（＝財務分析する）ことができなければいけません。貸出担当者が自ら財務分析を行わなくなったことで、生の決算書を読む力が衰え、財務面の問題点を指摘できなくなっています。さらに二次的副作用として、部下や後輩に決算書の

見方・読み方を指導できる者が少なくなっているということです。

　このような実態は次のようにたとえて言うことができます。それは、毎日の夕飯のおかずをスーパーに行き惣菜を買ってきてすませる主婦は、自分で料理をつくることができないばかりか、自分の子供にわが家の味を伝える料理のつくり方を教えることができないということと同じです。

　決算書を読めない担当者が管理職者になったとき、部下に決算書の読み方を教えることはできません。そのような銀行は、財務分析はすべてコンピュータ任せになり、生の決算書を前にして取引先と同社の経営に関する財務上の問題点について語れなくなってしまうのではないでしょうか。決算書を読む力がない担当者が、貸出先の事業経営に対してコンサルタント的役割を担うことはできません。

　財務分析をコンピュータ分析に依存する体制では、副作用としての弊害が担当者のレベル低下につながっています。コンピュータ分析の便利さに慣れても、財務分析の基本が理解できていない、生の決算書をその場で読めないようでは、貸出業務における人材育成の方法としては間違いであり、本末転倒かと思います。そこで、上記場面で支店長が松本君を指導しているように、新人のときはコンピュータによる財務分析に依存させず、それとは別に自ら電卓を使って分析させる経験を重ねる教育が必要であると考えます。

第 4 章

借入申出の検証と貸出判断

第 1 節

貸出判断を行う前に

7 信用調査会社の調査レポート

場面 38 高野君は法人取引新規班の担当です。HH建設の信用調査会社レポートを取り寄せたところ、総合評点は53点でした。そこで同社宛てに10百万円の貸出を行いたいというメモを支店長に回しました。

支店長：高野君、HH建設宛てのこのメモは内伺いだから、まだ先方には話していないよな。
高野君：はい、まだです。支店長の承認をいただいてから、先方にこの案件をもっていきたいと考えています。
支店長：わかった。では聞くが、君のメモに「評点は53点だから安心」と書いてあるが、安心という根拠はどこにあるの？
高野君：直近3期の決算を見ても売上げは横ばいですが、利益は確保しています。借入はちょっと多いように思いますが……。評点は50点以上だったら大丈夫かと……。
支店長：信用調査会社のレポートはあくまで参考資料にすぎない。そのレポートの評点を根拠にして「50点以上は大丈夫」と思い込んではいけない。私の経験で60点の会社でも倒産している。

高野君：えっ、そうですか。

支店長：信用調査会社のレポートは、HH建設が取材に応じたものか、あるいは調査会社の調査員が足で稼いだ情報なのか、どちらにしても情報として見るのはよいが、本気で利用する場合はその情報の裏をとらなければいけない。

高野君：裏をとるとは、確認するということですか。

支店長：そうだよ。売上げと利益にしても、正しい数字とは限らない。建設業は知事の認可が必要、道府県庁に行けば認可の確認——たぶんこれは信用調査会社がやっているが——、決算書も閲覧できる。入札資格のチェックのための「経営審査」があるから。

高野君：どうしたらよいですか。

支店長：そもそも10百万円を貸したいというメモだけど、資金使途は何？　売込み案件なの？

高野君：借入申出があったわけではありません。

支店長：53点なら倒産はしないと思って、"貸したい"という意識が先行したメモだけど、貸せる先か、貸しても大丈夫か、を見極めることが先だ。このレポートの情報を頭に入れてHH建設に行って、貸出先としてふさわしいか君の目で確認したほうがよい。どんな社長で、どういうことを言うか……、借入ニーズがあるのか……、聞いて来なさい。

高野君：わかりました。

この〈場面38〉の要点を整理してみます。
① 法人新規の取引開拓を担当する高野君は、HH建設の信用調査会社レポートを取り寄せ、評点が53点であったことから、10百万円の貸出を行いたいという内伺いのメモを支店長に回しました。
② 高野君は、信用調査会社のレポートの評点が50点以上の会社ならば倒産しないだろうという思い込みがあったようです。

③ 支店長はその考え方に対して、60点以上の会社でも倒産した事実を話し、レポートの評点は参考にするのはいいが、これを信じ込んではいけないということを高野君に話しています。
④ 信用調査会社のレポートは参考資料として読むにとどめ、銀行としてこれを利用する場合は、記載内容のチェックは自ら行うべきであると支店長は言いました。
⑤ HH建設との貸出取引開始を考える場合は、同レポートに頼るのではなく、実際に同社に行き、社長と面談することを支店長は高野君に勧めています。

講義のポイント

(1) 企業の信用調査を行う会社は、帝国データバンク（TDB）と東京商工リサーチ（TSR）の2社が信用調査業界の90％近いシェアを占めています。

銀行において、法人取引の新規開拓を行う場合に、信用調査会社のレポートを取り寄せることがあります。貸出取引がない会社の場合、会社の概要を把握する程度に使うことに問題はありません。

しかし、上記場面に記したように、評価点数を見て50点以上ならば貸出先として問題はないだろうとか、すぐに倒産はしないだろうと思い込むことは禁物です。

帝国データバンク（TDB）と東京商工リサーチ（TSR）は、それぞれのレポートで「信用程度」「企業診断評点」として以下のような区分をしています。

TDB「信用程度」	TSR「企業診断評点」	
A：86～100	1	警戒不要：80～100点
B：66～85	2	無　　難：65～ 79点
C：51～65	3	多少注意：50～ 64点
D：36～50	4	一応警戒：30～ 49点
E：35以下	5	警　　戒：29点以下

「50点以上ならば倒産しない」というのは、確率的にはそうかもしれませんが、"根拠がない噂"として受け止めるのがよいと思います。筆者は、高得点・高評価であった会社が倒産した例はいくつも知っています。それは、粉飾決算を見抜けなかった信用調査会社の社員が書いたレポートの場合だったのかもしれません。したがって、これを信用調査会社のレポートは参考程度に利用するにとどめ、自らが決算内容・実態把握を行い、貸出判断を行わなければいけません。

　調査レポートの記載内容を信じて貸出取引を行い、実態が違っていた場合、あるいは倒産した場合、それは自己責任ということになりますから、これを利用する場合は注意してください。

(2) 信用調査会社の調査は、訪問調査、側面調査が中心で行われます。しかし、個人情報や守秘義務等の問題もあり、現在多くの金融機関は取材に応じなくなっており、情報の真偽に関しては限界があると思います。一般に、仕入先・販売先の話を鵜呑みにした情報、いろいろな思惑が入った情報、コピー＆ペーストの情報もある可能性は否定できませんので、信用調査会社のレポートはあくまでも参考資料として取り扱うべきと考えます。

2 人・モノ・金を有機的に見る

> **場面 39**　秋葉君が新規に貸出取引を行うことになったII通信工業の貸出稟議書を作成して支店長に回しました。

支店長：秋葉君、II通信工業の稟議書を見たけれど、君の所見は財務内容のことしか書いていないね。自己資本比率が高いとか、流動比率がどうだとか……。

秋葉君：財務分析が大事だと思って書きました。

> 支店長：貸出の可否を判断するのは、財務内容の良否だけではない。企業を人・モノ・金の観点から、総合的・有機的にとらえることが大事だ。
> 秋葉君：でも、財務内容がしっかりしていればよいのではないですか。
> 支店長：そうとは言えない。財務内容がしっかりしていても、その企業がやっている事業はまっとうなことか、あるいは資金使途はどうか……という観点から、財務内容がよい会社でも貸さないことだってある。
> 秋葉君：倒産する心配がなければ貸してもよい……というわけではないのですね。
> 支店長：当たり前だ。
> 秋葉君：貸出判断、審査というと、財務分析を中心にして考えていました。
> 支店長：もちろん財務分析も大事だけれど、財務諸表は事業経営の活動結果であるから、事業経営や経営者についても観察しなければいけない。
> 秋葉君：では稟議書は書き換えましょうか。
> 支店長：全部を書き換えしなくてもいいが、そういう定性的側面の所見も付け加えたほうがよいと思うよ。
> 秋葉君：わかりました。事業は順調であり、経営者も信頼できるということを書き加えてから、あらためて稟議書を回します。

この〈場面39〉の要点を整理してみます。
　① 秋葉君は新規に貸出するⅡ通信工業の稟議書を作成しました。
　② 支店長が、この稟議書の所見は財務分析結果だけしか書いていないと指摘しました。
　③ 秋葉君は、審査は財務分析が中心であると思っていましたが、支店長から、"企業を人・モノ・金の観点から、総合的・有機的にとらえる

ことが大事である"と言われました。また、"財務分析も大事だけれど、財務諸表は事業経営の活動結果であるから、事業経営や経営者についても観察しなければいけない"と言われました。
④　秋葉君は、稟議書の財務分析だけの所見に、事業活動状態と経営者に関する所見も書き加えてからあらためて回付することにしました。

講義のポイント

(1)　貸出判断の際に行う審査というと、財務分析を中心にした企業の経営分析というイメージをもっている人が多いようです。もちろん財務分析は大事ですが、財務諸表は事業経営の活動結果であることから、事業経営や経営者についても観察しなければいけません。

　すなわち、企業審査とは、人・モノ・金の観点から、企業を総合的・有機的にとらえて、良否を判断するといったほうがよいと考えます。人は経営者、モノは事業活動のコアとして取り扱っている製品・商品であり、金はまさしく財務諸表や資金繰りを指します。この三つの経営の要素を総合的・有機的にとらえるとき、矛盾点が出てくることもありえます。

　たとえば、財務内容は立派であるが、事業承継した経営者の人格や経営手腕に疑問があったり、事業内容が公序良俗に反することであったり、経営者が公私混同して会社の金を私的（趣味等）に流用している場合等々、があります。したがって、財務内容さえよければ貸してもよいとは限りません。常に企業を人・モノ・金の観点から総合的・有機的にとらえる努力を行わなければいけません。

(2)　その意味から、審査は定量的分析（財務分析）だけではなく、定性的分析（実態把握）とあわせて判断することが大事であるといわれます。

　スコアリングという手法は、企業を人・モノ・金の観点から総合的・有機的にとらえる方法とは言えないことから、これを貸出判断に用いることは感心しません。

3 信頼できる経営者か

場面 40 支店長が地域経済界の集まりに出席したところ、食品スーパーJJの社長に関するヘンな情報を耳にしました。支店に戻り、支店長は担当の小池君を呼びました。

支店長：小池君、食品スーパーJJの社長についてヘンな噂を聞いた。
小池君：どんな話ですか。
支店長：私はJJの社長には着任時に表敬挨拶をしただけだが、どんな人物だ？　よく覚えていないんだ。
小池君：宗教心が強く信心深いということですか。
支店長：そうみたいだね。信教の自由は憲法に保障されているから、それはそれでかまわないのだが、JJの社長は相当入れ込んでいるらしいね。
小池君：本社の2階には大きな神棚があり、社長は毎朝お参りしています。
支店長：昨日聞いた話によると、売上げが伸びないのは祈りが足らないからといって、店長クラスを全員連れて○○神宮に参拝に行き、数百万円も納めたり、去年は京都の仏師に依頼して10百万円かけて観音像をつくらせたとか。また、自宅の庭に小さな社（やしろ）があり、創業記念日には本社の社員全員がそこへお参りに行くとか……。
小池君：そこまでは知りませんでした。
支店長：これも、ある人から聞いたのだが……。あの社長は政治家との付合いがずいぶんとあるようだな。
小池君：そういえば、駐車場には○○党の議員のポスターがあります

ね。

支店長：市議会議員、県議会議員、それから国会議員にも献金していて、同社が新店舗オープンするときはそういう議員を呼ぶらしいね。

小池君：はい、1月にオープンした□□店のセレモニーには国会議員の△△さんが来ていました。

支店長：先日、社長はスピード違反で捕まったらしい。そうしたら、議員にもみ消しを頼んだらしい。周りに人がいるのにかまわず、電話でそういう話をする人らしいね。その話を聞いて驚いたよ。

小池君：本当ですか。

支店長：ほかにもあの社長に関する噂、というか話題はたくさん聞いたよ。そういう社長とは深く付き合いたくないね。

小池君：当行は下位付合い程度の取引ですから。

支店長：社長命令で店長全員を参拝に連れて行くこととか、本社全員を自宅の社にお参りさせるのは、さすがにどうかと思うが……。そこで気になったことだが、社長の自宅の土地・建物を担保にとっているけど、自宅にある社は担保管理上問題にならないか調べておいてくれ。

小池君：わかりました。

この〈場面40〉の要点を整理してみます。

① 支店長は地域経済界の集まりで、JJの社長に関する噂を聞きました。宗教に相当入れ込んでいること、政治家との付合いが多いこと、交通違反のもみ消しを頼んでいることなどの情報を得ました。

② 支店長は、社長の経営者としての資質に疑問をもち、「そういう社長とは深く付き合いたくないね」と言いました。

③ 社長の自宅の庭に社があるということを聞き、担保管理上問題はないか担当の小池君に調べるように指示しました。

第4章　借入申出の検証と貸出判断　195

講義のポイント

(1) 貸出先の事業経営が正業かつ盛業であっても、経営者が信頼できない場合、それはリスクと考えるべきです。経営者は貸出判断における最大のリスクファクターともいえます。

　経済社会における組織対組織の付合い、特に銀行と企業との貸出取引では"信用第一"という言葉がすべての基本になります。組織対組織は、言い換えると組織の顔対組織の顔、すなわち銀行の担当者（あるいは支店長）と経営者の問題と置き換えることができます。経営者の人格・資質をリスクファクターというならば、支店長・担当者も信頼される能力と人格・品性を備えていなければいけません。そのうえで、経営者を見るとき、経営者失格と思われる場合は、その会社との取引自体を見直すことも必要となってきます。

(2) 中小企業のオーナー経営者には実にさまざまなタイプ、個性をもった人がいます。経営者としての自覚が乏しく、事業経営に対する確固たる理念や考え方がない場合、企業経営に逆風や問題が生じたとき、経営の根幹の脆弱さが露呈することがありますので、信頼できる経営者であるかの確認は非常に重要です。

　中小企業において、オーナー経営者の振る舞いや考え方に反論し、意見する部下・従業員はまずいません。社内で自らを「天皇」と称して、"社内では俺の言うことが法律"と言ってはばからない経営者がいます。また、会社の金を使って購入したモノ（絵画、刀剣、工芸品等の高価美術品）は、会社の貸借対照表に載せているものの、経営者個人の所有がごとき実態もたくさんあります。

　あるいは、政治家との関係を自慢する人（人脈とコネに頼る経営者）、経営は同族だから引き継いだだけとして、経営は成り行き・人任せにしてゴルフ三昧の人（神輿に乗っているだけの経営者）、酒や異性やギャンブルに異常に興味をもち、実際にはまっている人（遊び好きな経営者）等もいます。

　貸出業務を遂行するうえで、経営者との接点は重要になります。しかし、

上記のような経営者の場合、どのような付合い方をしたらよいか悩むところです。企業を人・モノ・金の観点から総合的・有機的にとらえるとき、企業の発展・衰退は経営者次第といえます。しかし、ヘンな社長でも、会社の業績が好調である場合、取引方針を決めるに際しては、「経営者」の問題についても付合い方針を定める必要性があると思います。

4 真っ当な事業（正業）か

場面 41
野口君が担当しているKK不動産販売は建売建築の販売で業績を伸ばしています。決算は増収増益が続いていますが、手抜き工事による欠陥住宅ということで数名の購入者から訴えられています。そんななか、社長が賭博行為で警察に逮捕されました。

支店長：野口君、社長が逮捕されたらしいね。
野口君：新聞報道で知り、KK不動産販売へ行きましたが、社員はだれもそのことについて話してくれませんし、詳しくは知らないようです。
支店長：手抜き工事で訴えられている裁判は？
野口君：来月に判決が出ると聞いています。
支店長：与信引当の状況は？
野口君：現在、建設資金は出していませんから、保証協会付当貸極度10百万円の許容に対して実残は5百万円です。
支店長：預金は？
野口君：法人で定期預金5百万円、社長個人の定期預金も5百万円あります。
支店長：わかった。当座貸越の期限は？

野口君：9月末です。
支店長：今度到来する当座貸越の期限には、解約させるか、実残まで減額するという方針で交渉しよう。解約できればいいが、実残5百万円が残った場合は預金を正式担保にとることを考えよう。
野口君：わかりました。KK不動産販売には早めに伝えます。

この〈場面41〉の要点を整理してみます。
① 建売住宅販売のKK不動産販売は手抜き工事の欠陥住宅を販売したとして、訴えられています。そんななか、社長が賭博容疑で逮捕されました。
② 支店長は、現在の取引状況を確認したうえで、取引解消を考えているようです。

講義のポイント

(1) 貸出先の事業経営について、単に業績がよいというだけでなく、実際に行っている事業が社会的見地から認められるものであるかどうかという観点から見ることが大事です。

貸出金額の回収に懸念がないからということだけではなく、貸出先の事業内容が企業倫理に照らして正当な経営といえるかどうか、あるいは経営者が反社会的勢力に関係していないか、公序良俗に反する行為をしていないかという観点から、貸出先をチェックする必要があります。

社長が賭博容疑で逮捕されたということは、公序良俗に反するといえますので、取引解消したいとする支店長の方針に間違いはないと思います。

(2) 銀行の貸出業務は、お金を貸して、利息を得ることができれば、どんな企業に対して貸してもよいという考え方は間違っています。

反社会的勢力との取引については、銀行取引約定書にも「反社会的勢力の排除」を明記していますが、それ以外にも事業活動が道徳倫理、あるいは公序良俗に反すると思われる場合は注意を要します。

しかし、道徳倫理や公序良俗という言葉は漠然とした表現であり、時代とともに基準が変わったり、判断する者の主観的価値尺度によって異なります（第1章第3節〈場面10〉参照）。

銀行は、銀行自身が社会の良識に照らし合わせて「取引先としてふさわしくない」と判断する場合は、新規に貸出取引は行わない、また既存貸出先である場合は取引の縮小、解消を考えるべきと思います。

また、法律に違反する、売春・暴利行為・賭博等にかかわっていることが明らかな場合は、取引すべきではありません。

5 初めに「貸したい」という結論ありき

場面 42 新井君がLL化学工業宛てに決算賞与資金として10百万円の新規貸出取引を開始したいというメモを書き、支店長に回しました。

支店長：新井君、このメモだが、検討が不十分だな。
新井君：はい……。
支店長："貸したい"という気持ちがみえみえだ。目標達成したい気持ちはわかる。決算賞与資金貸出をきっかけに新規取引を開始することはいいと思う。でも、決算賞与資金貸出だからといって、新規に取引を開始する会社について検討が足らないのはいけない。決算賞与資金であるならば、決算の見通しについて、前期と比較検討してからメモを書くように……。
新井君：もっと詳しく分析するということですか。
支店長：詳しく分析することも大事だが、貸出判断のプロセスとして順序立てて検討することが重要だ。

新井君：プロセスというと……どのように検討したらよいのですか。
支店長：新たな会社に貸出するか否かの判断は、クレジットポリシーに次のようなプロセスで検討すると書いてあるぞ。

① まずは、貸出する相手として妥当か。反社会的勢力でないことはもちろん、世間の非難を浴びるような先ではないことを確認する。
② 財務分析によって、企業としての安全性・収益性・成長性等を検討する。
③ 資金使途と金額の妥当性を検証する。
④ 返済能力、償還能力を検討する。
⑤ 担保・保証の必要性等、債権保全面を検討する。
⑥ 採算面から金利やメリットのとり方を検討する。
⑦ 本件貸出実行後の当行シェアおよび他行動向を検討する。
⑧ 貸出方法（手形割引・手形貸付・当座貸越・証書貸付）を決める。

新井君：わかりました。
支店長：クレジットポリシーに書いてあることを遵守しないとコンプラ違反になるぞ。面倒で大変そうに思うかもしれないが、慣れてくればむずかしくはない。皆がやっていることだから……。

この〈場面42〉の要点を整理してみます。
① 新井君が、LL化学工業宛てに決算賞与資金をきっかけにして新規貸出取引を開始したいとのメモを書き、支店長に回しましたが、支店長から検討不足と言われました。
② 支店長は、新井君の貸出メモを読んで、「貸したいという気持ちが先に立っている」と言いました。決算賞与資金貸出であるにもかかわらず、決算の見通し、金額の妥当性、他行との分担等の検討が十分に

なされていないようです。また、新規取引を開始する会社の内容についても分析が足らないと言いました。
③　支店長は新井君に、貸出判断のプロセスとして順序立てて検討することが重要だと教え、そのプロセスを説明しました。

講義のポイント
---

(1)　貸出を行うか否かという結論を出すには、順序立てた検討プロセスを経て最後に判断されるべきものです。ところが、「貸したい」という「まず結論ありき」から、貸出実行の承認を得るために、都合がよい所見だけを並べ立て、リスク情報や悪い話を書かない人がいます。あるいは、支店長によるトップダウンの指示で、貸すことが実質的に決められた案件について、部下が結論ありきの稟議書を作成するケースもあるようです。

　このような行動は感心しません。また、行うべきではありません。検討する前に結論が決まっているのは順序が逆であることはだれもがわかります。そしてそのようなやり方は、コンプライアンス違反となります。なぜならば、与信行動規範・クレジットポリシーには、審査の基本的な流れが示され、そのプロセスを遵守するように書かれているはずです。行内規程を遵守しないことはコンプライアンス違反となります。

(2)　目標達成のため数字を伸ばしたいという気持ちが先走って、結論ありきの貸出が行われるということは、「貸出判断」という重要な職務が行われずに貸出が実行されることになります。このことは、コンプライアンス違反・職務放棄にあたり、実質的審査なしで実行される貸出となります。そのような貸出が不良債権になった場合の責任はだれがとるのでしょうか。

　目標達成のために頑張ることは大事ですが、上記のような貸出を行うことは正しい行動であるか、よく考えてほしいと思います。おそらく目の前の数字欲しさに頑張っているのだと思いますが、何のために頑張るのか（自分の評価を得るため？）、どう頑張るのか（コンプライアンス違反をしてまで！）、それは頑張るに値することなのか（不良債権になるリスクは？）、その頑張り

は正しい行為か（教育指導面で模範的か）、ということを考える必要があります。「ボーナスは自分に、リスクは銀行に」という行動は許されません。

6 申出内容を鵜呑みにしない

場面 43 前場面の続き。

支店長：ところで新井君、このLL化学工業宛ての新規貸出の資金使途は決算賞与資金ということだが、前期の決算書はまだもらっていないのか。

新井君：まだできていないそうです。

支店長：決算書ができていないのに、決算賞与資金を出すの!? このメモに書いてある納税と賞与の金額の妥当性はどうやって検証するんだ!?

新井君：金額は社長から聞きました。

支店長：社長が言った金額が正しいとは言えないだろ。

新井君：そうしたら、何を信じたらよいのですか。

支店長：借入申出があったら、資金使途と金額の検証を行うことが原則であり、大事なことだ。君の答えは、「社長がそう言っている」ということで、社長が言っていることを信じているようだが、貸出担当者は"健全な懐疑心"をもって「社長が言っていることは本当に正しいか」という視点で自ら検証しなければいけない。

新井君：でも、当行からも借りたいと言ってきているので……。

支店長：新井君、貸出業務は先方が望むように、また先方から言われたとおりに金を貸すことではない。貸出業務はボランティアで金を

貸すのではない。預金者から預かっている預金を使って行う業務だ。社長が言っていることを全部、丸ごと鵜呑みにしてはいけない。

新井君：相手を信用してはいけないということですか。

支店長：貸出業務は銀行と貸出先の信頼関係が重要だ。相手を信用することも必要だ。ただ、LL化学工業とは新規に貸出取引を開始するので、相手がどのような会社であるか、社長はどんな性格でどのような人かまだよく知らない。そもそも、決算書ができていないのに決算賞与資金借入という申出があることを不自然に思わないか。

新井君：当行から初めて借りてくれることになったので、細かく、うるさいことを言ったら、当行から借りないと言い出すかもしれません。

支店長：そうなったら、そうなったでかまわないじゃないか。

新井君：せっかく、新規取引件数と貸出金額で成果が得られるのに……。

支店長：目標や成果に目が行き、数字欲しさで肝心な貸出判断のプロセスを省略したり、申出内容の検証をおろそかにすることは許されない。

　どうしてもお金が必要になると、ウソの話をつくったり、時間がないと急かしたりして、検討する時間がなく急いで貸した結果、不良貸出になったケースをたくさん見てきた。だから、相手の言い分を鵜呑みにしてはいけないのだ。わかったか。

新井君：はい……。

支店長：ウソの説明を信じて決算賞与資金を貸し、後から決算書を見たら赤字で納税しなくてもよかったとか、赤字で賞与は出さなかったということだったらどうする!?　どんな状況においても、"健全な懐疑心"をもって申出内容を検証するという基本を忘れては

>   いけない。
>
>   決算書ができていないのに、決算賞与資金を早く出す必然性はないはずだ。既存行の例年の分担額と今年の分担額、それに実行予定を確認しなさい。当行だけが急いで貸す理由も釈然としない。
>
> **新井君**：わかりました。

この〈場面43〉の要点を整理してみます。

① LL化学工業宛ての新規貸出は決算賞与資金ということですが、新井君はまだ同社の決算書をもらっていません。同社は、決算書はまだできあがっていないと言っているようです。

② 支店長は、決算書ができあがっていないのに決算賞与資金の借入申出が来ることに不自然さを感じています。

③ 支店長は新井君に、納税額・賞与金額の根拠について質問したところ、社長から言われた数字であると答えました。

④ 支店長は、借入申出内容は"健全な懐疑心"で検証することが大事であり、先方の言ったことを鵜呑みにしてはいけないと新井君を諭します。

⑤ また、数字や目標のため、あるいは相手に嫌われて貸出ができなくなることを恐れて、言われるがままに貸出を行ってはいけないということを新井君に教えています。

講義のポイント

(1) 銀行が中小企業に対して行う貸出業務でむずかしい点は、「情報の非対称の問題」であるといえます。貸出先である企業は真っ当な事業を行っているか、確実に返済してくれるか、貸出金は有効かつ正しい使い方をしているか、等々について、銀行は完全で正確な情報をもっていません。

銀行は、貸出を実行する前（＝貸出金を貸出先に提供する前）に、貸出金の

使途や返済に関する「情報の非対称性」を少しでも解決するために審査というプロセスの活動を行います。審査を行えば「情報の非対称性」が完全に解決するというわけではありませんが、情報の溝を縮め、実態が徐々に見えてきます。貸出実行後においても「情報の非対称性」を埋める努力として債権管理というモニタリングを行う必要性があります。

(2)　貸出判断に際し、貸出先が資金を必要とする理由と金額は、まず貸出先による説明が最初にあります。この説明をすべて鵜呑みにするということは、審査という職務を行っていないということです。先方が行った説明が正しいか否かを検証することが審査の第一歩です。

　大事なポイントは"自分の頭で考える""自分で調べる"ことです。支店長から質問されたとき、「～と社長が言っています」という答えは、社長から聞いた話を伝言ゲームのようにただ支店長に伝えているだけで、そこには貸出担当者としての役割は見えません。「社長は……と言っていますが、私が調べたところ、～でした」という「～」の部分が担当者としての役割であり、自ら調べ考えた付加価値といえます。

(3)　上記場面で支店長が、「どうしてもお金が必要になると、ウソの話をつくったり、時間がないと急かしたりして、検討する時間がなく急いで貸した結果、不良貸出になったケースをたくさん見てきた」と言っています。実際にこういうことがよくあります。資金繰りに窮してくると、経営者は人格が変わったような発言や行動をします。「あの社長がそんなことをいうわけがない」と、信用できる人物と思っていたにもかかわらず、裏切られることもありうるということを知っておいてください。

第 2 節

財務分析

　企業活動の結果は最終的には財務諸表に数字で表されます。その財務諸表を分析することで、企業の安定性・収益性・成長性を判定することができます。しかし、中小企業への貸出判断の可否は財務諸表だけでは不十分であり、実態把握とあわせて判断する必要があることはすでに述べてまいりました。そして、企業は、人・モノ・金の観点から総合的・有機的にとらえることが大事であると前節で書きました。

　とはいうものの、貸出判断を行う際、財務諸表の分析は不可欠です。本書は財務分析の解説を目的としていませんが、貸出判断を行う際に大事である財務分析のポイントについて簡単に触れたいと思います。

1 貸借対照表を読む

場面 44　立花君は、要注意先のMMメタルの決算分析を行い、同社の再建計画についてメモを書き、支店長に回しました。

支店長：立花君、MMメタルの再建計画のメモを読んだよ。このメモを読むと、君の考えはMMメタルの債務削減を行うための方策ばか

り書いてあるのが気にかかる。

立花君：MMメタルは減収傾向が続き、前期末の借入残は年商の1.5倍になっています。これを減らすのが大事であると思います。

支店長：債務削減のために、人員整理、資産の売却をする案だよね。それは、一面、正しいけれど、借入金を減らしたら再建できるのか。事業が利益を生むようにしなければ、借入金だけ減らしてもダメだと思うよ。

立花君：どうしたらよいのですか。

支店長：減収減益傾向が続いている理由は何か……と見極めて、その解決から考えなくてはいけない。資産売却、人員整理した結果、借入金は減ったにしても、本業の力が落ちてしまったら売上げも利益もますます落ちてしまわないか。

立花君：それはそうですが……。

支店長：借入金が多いのは事実だ。でも幸いに低金利状態が続いており、金利負担で減益になったわけではない。バランスシートを見るとき、借入金に目が行きがちだが、大事なのは資産が収益を生んでいるかという目で、資産の収益力を見ることが大事だ。

立花君：その結果、資産の売却になりますよね。

支店長：もちろん収益を生まない資産は処分したほうがよい。過大な設備投資はないか、不要な不動産はないか、またこの会社は流動資産の部に多額の有価証券がある。本業の傍らに行っている有価証券の売買はやめさせたほうがよい……という目で資産内容をしっかり見直してもらいたい。

立花君：わかりました。

この〈場面44〉の要点を整理してみます。

① 立花君は、要注意先であるMMメタルの再建計画を作成しました。

② 支店長はこれを読み、債務削減を行うための資産売却を中心にした

再建案に待ったをかけました。
③　支店長は、借入金を減らす必要性は認めながらも、事業再建のためには資産が収益を生むようにすることが大事であるいう考え方に立ち、資産の収益力を見ることが大事であると話しました。
④　売買目的の有価証券、不要な不動産、過大な設備などの資産内容の見直しを立花君に指示しました。

講義のポイント

(1)　貸出担当者が貸借対照表を見るとき、自己資本比率や借入残高に目が行きがちです。貸借対照表を読むときどこから見たらよいかという決まりはありません。人によって見方について特徴や癖があるかと思います。資本の部を見て債務超過であるか確認することから始める人もいれば、左上の流動資産から順番に見る人もいると思います。

　貸借対照表の見方に決まったルールはありませんが、次のような考え方があることも知っておいてください。それは資産の内容を重視する見方です。企業が事業活動を通して生き残っていくためには、事業を行う人的・物的な資産が確保されていなければいけません。上記場面で支店長が「資産売却、人員整理した結果、借入金は減ったにしても、本業の力が落ちてしまったら売上げも利益もますます落ちてしまわないか」と言っているのは、そういう意味が含まれています。その意味で、貸借対照表で見るべき最も大事なポイントは資産であるということです。

　資産の中身を見るとき注意すべきことは、貸借対照表に計上している価額は現時点の貨幣価値（時価）とは限らないことです。貸借対照表に計上している価額は当該資産を取得時の価値が数字で表されています。現在価値として、数字に満たなくなっている（含み損）ものと、数字を上回る（含み益）ものがあるということです。

　再建計画の策定というと、人員整理と資産売却による債務削減がメインテーマになりがちですが、人（社員）とモノ（資産）を活かして収益を生ま

なければ企業は存続できなくなります。もちろん不要で収益を生まず、活かすことができない人とモノは削減対象になりますが、それを見極めるためにも、資産の中身（現在価値）と収益力（収益を生む源泉としての価値）をしっかりと見極めることが重要となります。

(2) 資産を評価する場合、無形固定資産、なかんずく「特許権」についてどのように考えるかがむずかしいと思います。特許権の価値を定量的に評価する方法としては、「ディスカウント・キャッシュフロー法」「原価法」「類似事例比例法」などがあります。しかし、当該特許によって将来得られる収益や、特許権取得に要した費用の算定はむずかしく、銀行が現実に当該特許権を評価することはできないと思います。

金融庁が作成した「金融検査マニュアル別冊［中小企業融資編］」（平成25年3月）には次のように書かれています。

「特許権の存在が確認できるのであれば、将来の業績に対するプラス材料の一つとなり得ると考えられる。しかしながら、今後の事業の継続性及び収益性の見通しを検討するに当たっては、当該特許権により、どの程度の新規受注が見込まれるのかなどといった点を具体的に検討することが必要である」（事例5・P31を要約）

中小企業の特許に関する考え方としては、市場規模が大きいと思われる特許権は自ら活かすことより、大企業などに実施権を許諾し、ロイヤルティーを獲得するのが最も得策であると考える人もいます。それは、大企業は特許権を得ていない周辺部分を簡単に模倣し、類似製品を製造する能力をもっているので、特許権の意義が薄れる危険性があるということです。

(3) 貸借対照表で押さえるべきチェックポイントは以下の5点です。

　① 資産の部に計上されているすべての勘定科目について実態把握（注1）したうえで、前期比増減をチェックし、増減理由を明らかにする。

　② 流動資産が流動負債より大きいことを確認し、経常運転資金と短期借入金のバランスを見る。

③ 売上債権・在庫・支払債務の回転期間を算出し、前期比で大きく変化がある場合は、理由を明らかにする。

④ 売上債権の増減は売上高とパラレルに動いているか（注2）。

⑤ 実態B/S（清算B/S）を作成する。

（注1） 勘定科目内訳明細表を徴して資産内容の実態把握を行う。売上債権の不良化、不良在庫の有無、固定資産・有価証券等の時価の把握と、「仮払金」「貸付金」「その他〜」という勘定科目については特に中身の実態把握が大事。

（注2） 直近の3〜5年間の決算書において、売上げが連続して減少傾向であるにもかかわらず、売上債権が増加傾向になっている場合、粉飾決算の可能性が高いといえます。

2 損益計算書を読む

場面 45 前場面の続き。

支店長：MMメタルの損益計算書についてだけれど、立花君のメモは決算書の経常利益をそのまま並べて比較しているね。これではダメだよ。

立花君：えっ、どうしてですか。

支店長：実質利益で見ないと……。

立花君：実質利益って何ですか。

支店長：実質利益について知らないの？ 研修で習っているはずだよ。企業は前期に比べて減益になった場合とか、実質赤字の場合、決算を調整して利益を無難な数字にすることがある。

立花君：MMメタルの利益もそうですか。

> 支店長：前期決算と比べると、償却金額がゼロになっているだろ。
> 立花君：本当だ。そういえば、実質利益について習いました。
> 支店長：勉強したことはちゃんと生かさないと。実質利益をつかむことは大事だから、しっかり覚えておきなさい。
> 立花君：はい。
> 支店長：企業は利益を出すために、償却や引当金を減らしたり、他の方法で利益額を出す場合がある。
> 立花君：他の方法って、どんなのがありましたっけ……。
> 支店長：習ったならば自分で調べてみなさい。
> 立花君：すみませんでした。実質利益の把握について復習して、メモを書き直します。
> 支店長：自分で考えることが大事だ。メモは書き直してからもってきなさい。
> 立花君：はい、わかりました。

この〈場面45〉の要点を整理してみます。

① 立花君がMMメタルの損益計算書について分析したメモを支店長に回したところ、支店長から「これではダメ」と言われました。

② 立花君は、損益計算書に記載された利益額を使って分析していますが、支店長から実質利益で比較しなければいけないと指摘されました。

③ 立花君は、最初、実質利益と言われてもわかりませんでしたが、研修で習ったことを思い出したようです。

④ 支店長は、償却不足・引当金の積立不足と「他の方法」と言いました。立花君が「他の方法」について質問したら、支店長から自分で調べ、自分で考えることが大事であると言われました。

講義のポイント

(1) 企業は、決算において赤字は回避し、安定的な利益を計上する姿を銀行に見せたいという思いが常にあります。それは、必要なときに必要な資金の借入ができるためには、健全かつ無難な経営状態であることを見せたいという思惑が働くからです。そのために、企業は利益を平準化したいとする傾向があります。

業績が好調で利益が多く出たときには、公表利益を少なく見せるために、利益の一部を内部留保に回すということをします。逆に、赤字または利益が少ないとき、公表利益は問題ない水準であることを見せるためにいろいろな方法を使うことがあります。このように、決算書上の利益額を実際より大きくふくらませたり、小さく見せかけたりすることを「決算操作」「利益操作」と言います。要するに決算の粉飾です。

決算操作がある場合、決算書に記載された利益をもとに、当該企業の安全性や収益性を検討しても、正しく認識できたとはいえません。そのため、貸出担当者は損益計算書の利益額をそのまま比較するのではなく、実質利益を把握する必要があるのです。

実質利益を把握することの意味は、貸出業務における事業経営の実態把握であり、返済見込みや資金繰りへの影響を把握することでもあります。

(2) 決算操作は、貸倒引当金や退職給与引当金の計上額を調整する簡単な方法から、棚卸資産の水増し・圧縮や、売上高の架空計上・売上債権の水増し、費用を翌期以降へ繰り延べるなどの複雑な方法まであります。

また、本来は特別利益・特別損失に計上するものを営業外損益に計上することで経常利益を水増しする操作もあります。以下の例は、本来は特別損益の部に計上する不動産売却益を営業外収益に計上することで、経常利益を大きく見せる粉飾を行っています。

	修正前	修正後
営業利益	20	20
営業外収益	30	5
（受取利息・配当金）	(5)	(5)
（その他営業外収益）	(25)(注)	
営業外費用	10	10
（支払利息・割引料）	(10)	(10)
経常利益	40	15

（注） 実態は不動産売却益であり特別利益へ。

決算操作・粉飾決算を見抜くことは貸出担当者の大事な役割です。財務分析を自ら行い、経験を積むことで、見抜く力はついてきますが、以下に簡単な見分け方を記します。

- 〇5期分の決算書を並べ、売上高と売上債権（受取手形・売掛金）の金額の推移を見る。売上げが連続して減少傾向にあるにもかかわらず、売上債権が増加している場合は、粉飾決算の可能性が高い。
- 〇5期分の決算書を並べ、売上高や営業利益が大きく変動しているにもかかわらず、経常利益は＋0〜1百万円の黒字である場合は、粉飾決算の可能性が高い（特に、建設業）。
- 〇引当金・準備金の計上額の前期比増減がある場合、利益操作の可能性が高い。
- 〇貸借対照表の土地・有価証券が減少しているのに、特別損益の部に計上されていない場合、上記のように営業外損益に載せて、経常利益をふくらませているケースあり。

(3) 損益計算書の見方のポイントは以下の3点です。
  ① 売上高は安定的に推移しているか……5期分の売上高推移を見る。
  ② 実質利益を見る……表面的な公表利益ではなく実質利益を把握する。
  ③ 収益構造を把握する……売上総利益、営業利益、経常利益の各段階で分析し、収益構造の長所と短所を明らかにする。

第 3 節

資金使途の検証

　貸出金の原資は預金者から預かった預金であることは第 1 章で述べました。そして、銀行法の目的（第 1 条）では「信用を維持し、預金者等の保護を確保する」と記されています。さらに、コンプライアンス（法令等の遵守）の観点に立てば、貸出業務は銀行法の目的にのっとって、預金払戻しの確実性、ひいては信用秩序の維持につながる重要な業務であることを認識して臨まなければいけません。

　貸出業務は、本部から与えられた数的目標を達成するために行うという短視的なものであってはいけません。貸出業務は預金者から預かった預金を運用して貸出先の事業発展に資するために必要資金を供給するものですが、マクロ経済的には資金の媒介および造出という機能を営むことで「国民経済の健全な発展に資する」（銀行法第 1 条）役割を担っています。

　上記意味からも、貸出業務は回収の確実性を図るために、貸出金が正常な資金使途であること、貸出先の事業経営に役立つことが大事です。そのために、"貸出業務の生命は資金使途の検証にあり"が「貸出業務の王道」の原点であるといえます。

　以下に、資金使途の検証について事例を掲げて見ていきます。

7 経常運転資金の継続（手形貸付の場合）

場面 46 松沢君は、NN化工の経常運転資金貸出の期限が到来するので、経常運転資金貸出の同額継続（手形の書換継続）の稟議書を支店長に回しました。

支店長：松沢君、NN化工の稟議書だけれど「同額継続」としか書いていないね。

松沢君：継続するときは、いつも「同額継続」という1行ですませています。

支店長：それは感心しないね。いままでのやり方がそうであったにしても、私はそのやり方は認めない。

松沢君：えっ、継続は認めないのですか。

支店長：継続稟議を軽く見て「同額継続」と1行しか書かない態度はダメだということだ。継続を認めるかどうかは、業績や状況を見てから判断するのが筋だ。継続という言葉に、"いままでどおりの延長だから懸念はない"と考えて、実態把握の手抜きをしてはいけない。

松沢君：理屈はわかりますが……。

支店長：理屈でわかるなら、理屈どおりにやるべきだろう。

松沢君：はい。

支店長：NN化工の売上げは落ちてきているだろ。安易な継続は業績の実態を把握しないままで貸出を続けることになる。この3年間で売上げが20％も落ちている。いままでの経常運転資金のままでいいのか、他行の支援姿勢はどうなっているのか、債権保全の手当は必要ないのか……を検討しないで「同額継続」の一言ですませ

　　　　るのは手抜きだ。
松沢君：はい、わかりました。
支店長：不満そうだな。面倒くさいと思っているんだろ。
松沢君：いえ……。
支店長：面倒だ〜と顔に書いてある。いいか松沢君、NN化工の経常運転資金貸出は、稟議期限と手形の支払期日が同じ……、ということは、業績悪化で債権保全が必要であれば、法的にはここで借入金の返済を求めることもできる。そうだよな。
　　　　今度の稟議は、支払期日に新たな手形の振出しを受けて貸出を継続する……ということは支払期限の延長、期限の利益を伸ばすということだから、継続・手形の書換といっても、新規に貸出するときと同じように審査、判断することが必要になる、わかったか。
松沢君：はい、よくわかりました。

この〈場面46〉の要点を整理してみます。
- ① 松沢君は、NN化工宛経常運転資金貸出の期限が到来するので、同額継続の稟議を作成しました。
- ② 支店長は、稟議書に「同額継続」という1行しか書いていないことに目が行き、これではダメだと言いました。
- ③ 支店長は、NN化工の売上げが減少傾向にあるにもかかわらず、同社の業績チェック・債権管理について検討していないことを指摘しました。
- ④ 支店長は、経常運転資金の継続時においても、新規貸出のときと同じように審査・判断することの重要性を松沢君に指導しています。

　　　　　　　　　　　講義のポイント

(1) 手形貸付で経常運転資金貸出を許容しているとき、手形の書換を安易に

行うことは感心しません。手形書換は貸出の支払期限の延長ですが、法的には貸出債権の同一性が保たれているかという問題があります。貸出の稟議期限が1年である場合、6カ月の手形期限が到来するので、稟議期限までの残りの6カ月をサイトとする手形に書換するのであれば、手形の書換の前後で貸出債権は同一性が保たれていると解されます。

しかし、上記事例のように貸出稟議期限と手形期限が同じである場合、安易に稟議を継続することは、貸出債権の同一性を保つと同時に、期限の利益の延長に応じることになります。

NN化工は売上げが3年間で20％減少していることから、貸出期限到来時に、引き続き経常運転資金貸出に応じるか否かを検討することが大事であります。もし、売上減少だけでなく、ほかにも債権保全上重大な問題が発覚することがあれば、経常運転資金といえども期限に返済を求めることが必要な場面になることもありえます。そのような場面になった場合、銀行としての取引ポジション（主力銀行か付合い程度の取引か）によりますが、今後の資金繰りの問題等を含めて、対応方針については慎重な判断が求められます。

(2)　貸出業務においては、決算賞与資金、季節資金、工事立替資金、設備資金等、いろいろな資金使途があります。これらの資金需要はそのつど発生するもので、貸出判断もつどに行います。

しかし、経常運転資金は「つど」という性格で発生する資金使途ではありません。経常運転資金貸出は、貸出先と銀行のつながりの原点となる貸出取引といえます。その意味で、経常運転資金貸出を許容している銀行は、この貸出を貸出先との絆と認識し、事業経営の実態や財務内容の検証、債権管理をしっかり行わなければいけません。したがって、経常運転資金貸出の稟議期限が到来するときに、その検証を欠かしてはなりません。

経常運転資金の継続に際しては、貸出債権の同一性が保たれているのか否かにより債権保全に影響が生じることになりますので、稟議の同額継続や手形書換は安易に事務的に行ってはいけません。

経常運転資金の期限到来に際しては、基本にのっとって少なくとも次の4

点のチェックは行うべきと考えます。

① 直近1年間の業績動向……過去3〜5年間の売上げ・利益の推移
② 所要運転資金の金額……増加運転資金・減少運転資金のチェック
③ 他行借入額の確認……銀行別経常運転資金借入金額のチェック
④ 流動資産の健全性……受取手形・売掛金・在庫に不良債権はないか

2 折返貸出
（経常運転資金貸出を証貸対応している場合）

場面 47 当行主力・1行取引の〇〇医療機器販売宛経常運転資金貸出は、当初貸出金額30百万円・3年約弁付の証書貸付で対応しています。実行後1年経過して、〇〇医療機器販売から約弁相当額10百万円の折返借入れの申出があり、担当の今井君は応諾したいとするメモを書き、支店長に回しました。

支店長：今井君、君のメモは30百万円を実行し、20百万円を返済させる……、ということは当初貸出の姿と同じだから約弁金額は変わらないが期限が延びる……ということかな。

今井君：はい、そうです。

支店長：これだと、約弁がまた10百万円進んだら、同じことを繰り返すことになるのではないか。

今井君：そうかもしれません。

支店長：そうかもしれませんじゃなくて、そうなるよね。

今井君：確かに……。最初は、10百万円だけ復元する貸出を提案したのですが、〇〇医療機器販売から、それでは返済金額が増えてしまうじゃないかと言われました。当初貸出の約弁額に加えて、10百万円の約弁を上乗せすることになるので。〇〇医療機器販売は、

"もともと手形貸付で約弁がなかったのに"という不満があります。

支店長：そもそも経常運転資金を長期貸しで取り上げたのが間違いなんだ。

今井君：手形を書換継続して転がして返済を求めないなら実質的に長期貸出であるといえるから長期金利にして収益を稼ぐというのが前支店長の考えで、○○医療機器販売に無理に頼み込んだという経緯があります。

支店長：でも長期貸出にしたら約弁があり、こういう問題が出てきた……、ということだな。困ったね。経常運転資金というのは企業にとって必須の資金だということはわかるよな。必要・必須の金額なのに約弁で返済が進めば、資金が不足する。これが今回の問題につながるわけだ。

今井君：どうしましょうか。

支店長：貸借対照表で計算した所要運転資金はいくらだ？

今井君：前期の決算書で28百万円くらいです。

支店長：業績も順調だよな。じゃあ、30百万円の手形貸付を実行し、20百万円を返済させ、元の手形貸付に戻しなさい。

今井君：それでいいですか。

支店長：もともと、そういう貸出だったんだろ。先方にとって、3年間の期限の利益は短くなるが、約弁負担がなくなり、金利も低くなれば問題ないだろ。

今井君：はい、そう思います。

この〈場面47〉の要点を整理してみます。

① ○○医療機器販売宛ての経常運転資金貸出は3年の約弁付で実行しました。約弁が10百万円進んだ時点で、10百万円の折返貸出の申出に接しました。

②　担当の今井君は、当初は約弁分の10百万円だけ復元する貸出を提案しましたが、〇〇医療機器販売から約弁額が増えるのは困ると言われ、新たに30百万円を実行し、残債20百万円を返済する案でメモを支店長に回しました。

③　支店長はこれではまた同じことの繰り返しになると言いました。支店長は、経常運転資金というのは企業にとって必須の資金であり、約弁をつけると必須資金が不足することから、経常運転資金貸出を長期貸出で対応することに否定的な考え方です。

④　同社への経常運転資金貸出はもともと手形貸付でしたが、前支店長が返済を求めない実質長期貸出であるなら長期金利で収益を稼ぐという考えで、証書貸付に変更した経緯があります。

⑤　支店長は、元の手形貸付に戻すことを今井君に指示しました。

講義のポイント

(1)　折返資金貸出という言葉は、長期貸出で約弁が進んだとき、元の実行金額まで復元する貸出の態様を指して使われています。「折返し」という言葉は「継続」と同じように、"いままでと同じ""承認された金額""実績範囲内"という印象から、安易に応じる傾向があるように思います。

　営業店の現場では折返資金といわれる貸出が行われていますが、筆者は、貸出の折返しは本来、起こらないという考え方をもっています。

　上記事例は経常運転資金を長期貸出で対応したときの場面ですが、そもそも経常運転資金貸出を長期貸出で対応すること自体が間違いであると考えます。経常運転資金の所要金額は、1年ごとの決算時の貸借対照表で計算され、1年ごとに所要金額はチェックされるべきです。にもかかわらず、当初計算した所要運転資金を3〜5年間にわたる経常運転資金ということに違和感を感じます。長期貸出実行後の翌年の決算で所要運転資金の金額が大きく減少しても、元の金額を経常運転資金と称することに疑問を感じないのでしょうか。経常運転資金は企業にとって「収支ズレ＋在庫」の差額を埋める必

須資金であり、通常は手形貸付で対応し、手形を同額で書換継続（これを"単名の転がし"と言います）して返済を求めません。必要かつ必須の資金を長期貸出で対応するということは、約弁により資金不足に陥ることはわかりきっていることです。にもかかわらず長期貸出で対応するという意図は、金利で収益を稼ぐねらい以外に考えられません。

　折返資金は設備資金でも起こるということを本に書いている人がいます。仮に設備資金貸出で折返資金が必要であるという場合は、それは設備資金貸出を許容したときの計画どおりに事が進まなかったということであり、それに対して折返貸出を行うということはありえません。それは、設備計画に伴う事業計画と返済計画を見直したうえで、追加の貸出を行うべきかという判断になります。それを折返資金貸出とは言いません。

(2)　貸出業務の基本は資金使途の検証にあります。しかし、「折返し」という言葉は資金使途ではありません。折返資金貸出を許容している銀行は、金額が元の上限金額範囲内で実績ある貸出というチェックを行い、資金使途については"いままでどおり"と思い込んでいるようです。金額が当初承認範囲内だから復元は問題ないと軽々に応じてはいけません。

　筆者が「折返し」を認めるのは、極度扱いの場合における極度金額範囲内で繰り返し行われる貸出だけです。しかし、貸出先が折返資金を貸出してほしいと言ってこないのに、銀行側が貸出残高維持を目的に、売込み案件として「極度額の限度いっぱいまで借りてほしい」とお願いするケースもあるようです。これは、貸出判断より、目標達成のために行われるもので、真っ当とはいえない貸出です。

3 増加運転資金の発生原因

場面 48 池田君はPP家庭金物の増加運転資金20百万円の稟議書を作成して支店長に回しました。

支店長：池田君、PP家庭金物の増加運転資金の稟議だけれど、増加運転資金用のワークシートがついていないぞ。

池田君：すみません。

支店長：ワークシート（注）を作成してから稟議書を回すように。

　　（注）　ワークシート……拙著『事例に学ぶ　貸出判断の勘所』（金融財政事情研究会・平成19年Ｐ82）

池田君：（ワークシートを稟議書に添付して）増加運転資金は18百万円となりましたので、申出金額は妥当かと思います。

支店長：増加運転資金はたしかに18百万円だが、その内訳は"売上増加による資金需要分が１百万円で、主に在庫の増加による収支ズレの変化による資金需要が17百万円"という結果だ。

池田君：はい。

支店長：池田君、増加運転資金の発生は、売上げが順調に伸びたときに発生するものと、このように収支ズレの変化によるものとある。売上げが伸びていないのに発生する増加運転資金を全部借入でまかなうと、どうなる？

池田君：どうなる……？　よくわかりません。

支店長：損益計算書を頭に描いてごらん。売上げが伸びないで在庫が増えるということは売上原価が大きくなるから売上総利益は減る。借入が増加して支払利息が増えると経常利益も減ることになる。そうだよね。

池田君：そうですね。
支店長：銀行の役割は、貸出先にとって役立つことだ。金が必要になったときに貸すことで役立つこともある。しかし、PP家庭金物の場合は、貸すだけではなく、在庫を減らすことができれば借入は不要になるか、借入金額が少なくなり、経営は助かることになる。そう思わないか。
池田君：確かにそうですが……。
支店長：まずは、今回の増加運転資金需要は在庫が増えたことに原因があるということを説明してあげることだ。そして、在庫を減らす努力によって借入金額が少なくなることも説明してあげる。
池田君：そうすると、貸出金額が小さくなりますよね。
支店長：君は何を考えているんだ。本部から来た貸出金額の増加目標のことが頭にあるようだけど、それよりPP家庭金物の経営について、PP家庭金物の経営の立場に立って考えることのほうが大事だ。場合によっては、銀行が販売先や販売ルートを紹介、斡旋をしてあげることまで考えてあげることが、「お客様第一の精神」だ。そうは思わないか。
池田君：はい。そう思います。
支店長：貸出業務は数字を伸ばせばよいというものではない。貸出先の事業経営にとって銀行が果たすべき役割を考えることが、信頼と信用につながる。「貸すも親切、貸さぬも親切」という言葉がある。この言葉の意味をしっかり考え、実践することが大事だ。わかったか。
池田君：はい、わかりました。

この〈場面48〉の要点を整理してみます。
① 池田君はPP家庭金物の増加運転資金20百万円の稟議書を書きましたが、増加運転資金ワークシートを作成していませんでした。

② 支店長に指摘され、同ワークシートを作成したところ、"売上増加による資金需要分が1百万円で、主に在庫の増加による収支ズレの変化による資金需要が17百万円"という結果がわかりました。

③ 支店長は、20百万円を貸すことだけが銀行の役割ではない、貸出先にとって役立つことを考えるべきだと池田君に話しました。

④ どうしてよいのかわからない池田君に、支店長は、増加運転資金の発生は在庫が増えたことに原因があり、在庫を減らせれば借入金額が少なくなると説明することを話し、場合によっては、銀行が販売先や販売ルートを紹介、斡旋をしてあげることが、「お客様第一」だと言いました。

⑤ また、支店長は、「貸出業務は数字を伸ばせばよいというものではない」「貸出先の事業経営にとって銀行が果たすべき役割を考えることが、信頼と信用につながる」と話し、「貸すも親切、貸さぬも親切」という言葉を実践することが大事だと言いました。

講義のポイント

(1) 増加運転資金借入の申出があった場合、金額の妥当性をチェックして問題がない場合、多くの銀行は申出金額どおりに貸すように動きます。そのこと自体を間違いであると言うつもりはありません。

しかし、増加運転資金が発生する原因を確認して、借りなくてすむ、あるいは借入が少ない金額ですむことが可能であるような場合は、上記場面のように銀行が説明してあげることも考えるべきと思います。まさに、「貸すも親切、貸さぬも親切」を実践することにつながります。

昔、松下幸之助が松下電器産業を創業して間もなくの頃、資金繰りが苦しくなり、住友銀行に借入申出に行きました。住友銀行の支店長は、借入が必要である理由は売掛金の回収の遅れにあることを見抜き、松下幸之助に売掛金の回収をアドバイスしました。松下幸之助はそのアドバイスのとおり、売掛金の回収を行い、松下電器産業は借入を行わずにすみました。松下幸之助

はそのことで住友銀行を信頼し、住友一行取引を永く続けた話（注）は有名です。

(注) 拙著『貸出業務の王道』（金融財政事情研究会・平成23年）のＰ155とＰ281～282。

(2) 増加運転資金の発生要因は四つあります。
　① 売上げの増加
　② 売上債権回転期間の長期化（受取手形、売掛金のサイト延長・不良債権化など）
　③ 棚卸債権回転期間の長期化（不良在庫の発生など）
　④ 支払債務回転期間の短縮化（支払手形、買掛金のサイト短縮など）

　上記場面は③の要因によります。在庫の増加は、売上全般が不調で商品が倉庫に溜まっている（滞貨）のか、過去の売れ残り商品（不良在庫）があるのか、それとも粉飾決算による架空在庫なのか……、と実態を把握する必要があります。

　上記②③④が原因で発生する増加運転資金は、金額の妥当性だけで安易に貸すという判断をしてはいけません。増加運転資金の発生要因が事業経営、企業活動に悪影響を与える可能性もあり、貸したいと思う前に原因究明を行うことがより大事であるといえます。

(3) 貸出先が必要とする増加運転資金を全額貸すことに疑問をもっていない人は、数字を伸ばすことが自らの役割であり、そのチャンスが来たと思っているかもしれません。それは、貸出業務の本質を忘れ、「お客様第一」「お客様満足」を考えない担当者の薄っぺらな考えにすぎません。

　「お客様第一」「お客様満足」をスローガンに掲げているならば、貸出先の経営者の立場に立って、ともに考える姿勢が大事です。そこに貸出担当者としての役割、すなわち付加価値の提供があります。「貸したい」と思う気持ちの前に、資金需要が発生する理由を説明し、どのような企業内努力を行えばよいかという解決策をともに考え、その協力者として動くことが、真にお客様から信頼され、支持されるのです。一時の数字の勝ち負けより、数字に

表れない信用と信頼を得ることのほうが実際は大きな成果であると筆者は考えます。成果主義という評価尺度で、目に見える数字でしか実績を見ない銀行には、そのような文化は育ちません。

4 決算賞与資金は必ず前年の支払実績を確認する

> **場面 49**　近藤君はQQ物流宛ての決算賞与資金貸出の稟議を書いて支店長に回しました。

支店長：近藤君、この稟議書に書いてある納税額と賞与の昨年の実績は確認したか。

近藤君：はい、昨年の稟議書から転記しました。

支店長：稟議書から転記した数字は貸出した金額だ。私の質問は実際に支払った納税金額と、社員に支払った賞与の金額はいくらだったか……ということだ。

近藤君：それは……、確認していません。

支店長：納税額は納税申告書をもらわないとわからないけれど、前々期の損益計算書の税引前当期利益を基準にしておよそ計算すればわかる。法人税の納付額は、「税引前当期利益×50％－支払済中間納税額」とみればよい。賞与金額は「法人事業概況説明書」の「17　月別の売上等の状況」の表を見ればだいたいわかる（注）。

　　　（注）　人件費欄には、その月の俸給・給与および賞与の支給総額を記載するため、他の月との比較で賞与金額の概数は把握できる。

近藤君：はい、わかりました。前期の納税額と夏の賞与をチェックして、今回の申出内容と突き合わせ、不自然なところはないか検証してみます。

> 支店長：そうしてくれ。決算賞与資金は毎年発生する資金使途で、貸すほうも金額の妥当性、特に実際の支払金額を調べずに貸出を実行する傾向がある。決算賞与資金は過去の貸出実績の延長が惰性的になって、安易に取り上げるが、やはり基本はしっかり守って貸出することが大事だ。
>
> 　貸出先も、銀行は決算賞与はうるさいことを言わずに簡単に貸してくれると知り、実際の金額より多めに言ってくることがある。特に、粉飾で利益を水増しして、決算賞与資金で多めに借りるということもありうる。返済が困難になってから粉飾に気づいても手遅れになる。

　この〈場面49〉の要点を整理してみます。

① 　近藤君はQQ物流宛ての決算賞与資金貸出の稟議書を作成しました。

② 　支店長は、前年の納税額と賞与金額について実際の支払額を確認して、貸出金額と比べ、チェックをするように近藤君に指示しました。

③ 　支店長は、決算賞与資金は過去の実績の延長が惰性的になって、安易に取り上げられやすいが、貸出の基本はしっかり守るよう、近藤君に言いました。

―――― **講義のポイント** ――――

(1)　決算賞与資金の資金使途は、納税の決算資金とボーナス支払の賞与資金であることは明らかです。そして毎年恒例の借入であるということで、安易に採り上げられる傾向にあります。

　上記場面で支店長は、貸出金額ではなく実際に支払われた納税額と賞与金額のチェックを行うようにと言いました。これは大事なことです。「昨年実績と同じ」とか「恒例の」という言葉で使われる意味は貸出金額のことを指し、実際の納税額と賞与金額はそれと違っていることがあります。

決算賞与貸出の金額が昨年同様であるならば、貸出先の業績、利益、従業員数に大きな変化はなかったということを意味します。減収減益で従業員数が減少しているのに決算賞与資金貸出が同額あるいは増加しているのは不自然です。実際の納税額、賞与金額より余計に多くの金額を貸すということは、決算賞与とは違う資金使途で使われることを意味し、返済方法に無理が生じる可能性があります。そんなことを考えずに、たくさんの金額を貸すことは目標達成に近づくと喜んでいる担当者は失格です。

(2) 賞与金額の場合、従業員数で割り算をして、1人当りの平均賞与額を計算してみます。もちろん、正しい従業員数を把握していることが前提になりますが、1人当りの平均賞与額の増減と貸出先の利益の増減の関係を見るのがねらいです。会社の利益が落ちているのに、1人当りの平均賞与額が増えている場合は、その理由を確認します。

このように、決算賞与資金の借入申出を簡単に、事務的に流すことなく、しっかりと検証する癖をつけることが大事です。

5 それは季節資金か

場面 50 島岡君はRR茶園宛ての毎年恒例の季節資金貸出20百万円の稟議書を書き、支店長に回しました。

支店長：島岡君、この稟議書を読むと、RR茶園にはこの種の季節資金が年に4回もあるね。

島岡君：はい、茶葉の仕入は一番茶、二番茶、三番茶、四番茶と年に4回あります。

支店長：そして、どれも2カ月据置き後、10カ月の分割返済というかたちになっている、……ということは、毎月約弁があるということ

　　　　だね。

島岡君：はい、そうなります。

支店長：これを季節資金というのかね。

島岡君：ずっと以前から季節資金貸出として採り上げています。毎年、決まった月・季節に借入を起こしています。

支店長：でもこれは季節資金とは言わないよ。季節資金の貸出というのは、1年のうち、ある季節に需要が集中するため、その時期に販売する商品の製造や販売のために、単名借入で一時的に在庫を増やし、ある季節に売り切る……この単名借入を期間6カ月の手形貸付で行う貸出のことを季節資金貸出という。

島岡君：一番茶の仕入は毎年5月、二番茶の仕入は7月と、借入時期は毎年同じです。

支店長：お茶の需要に季節性があると言えるだろうか。アパレルの場合、夏服は夏前に、冬服は冬前に売る、またクーラーや扇風機は夏に売るもの、こたつや暖房機は冬に売るもの……、その季節に売れ残ったら、不良在庫になってしまう。それがバーゲンで「半値8掛け2割引」という赤字処分になる。お茶は1年中販売されているから、季節性は見られない。

島岡君：当店ではずっと季節資金として採り上げていました。

支店長：季節資金の本質は季節販売にあわせるための一時的在庫積上資金といえる。この茶葉購入資金は在庫積上げではなく、仕入時期に季節性があるということにすぎない。返済が1年というのは季節資金とは言いがたい。

島岡君：わかりました。

　この〈場面50〉の要点を整理してみます。

①　島岡君は、RR茶園宛て毎年恒例の季節資金貸出の稟議書を作成して、支店長に回しました。

② 支店長は、茶葉の仕入を行う企業への貸出は初めてでしたが、この貸出は季節資金貸出とはいえないと言いました。
③ 支店長は、季節資金貸出の定義について、季節販売にあわせるための一時的に在庫を積み上げる借入で、販売季節にその商品を売り切って、その売上げで返済する期間6カ月の貸出であると言いました。
④ その定義に照らし合わせると、これは在庫資金というより季節性がある仕入資金にすぎず、期間1年という観点からも季節資金とは言いがたいと言われました。

講義のポイント

(1) 季節資金貸出は、資金需要が年間を通して平均的に発生するものではなく、季節による起伏が激しいがゆえに発生する在庫資金といえます。そのかたちは、単名借入（＝季節資金貸出）で在庫を増やし、これを需要季節に販売することで、在庫が売掛金・受取手形に転化し、この売上債権により返済（受取手形は割引して）されます。

　ポイントは、製品需給の見通しと販売計画の妥当性にあります。しかし、流行や嗜好などの見通しと、計画がよくても寒い夏・暖かい冬という意図せぬ状況により、当初想定したようにその季節に販売できない状況に陥ることがあります。たとえば、予期せぬ冷夏の場合、暑い夏に売りたいアイスクリーム、ビール、クーラー、扇風機は売れ残り、在庫になってしまいます。この時期に売れ残ると次のシーズンまで在庫となり、流行遅れ、金利・保管コストの負担にもなることから、バーゲンで安値販売（半値8掛け2割引）されることもあります。

(2) 季節資金の採上げに際しては、前年比、あるいは過去実績範囲内という貸出金額の実績だけを見ても意味はありません。業界事情や製品の需給予想等、市場動向に敏感である必要があります。また、アパレル関係では流行の色や柄など最新の情報を入手することも必要です。また、天候に関する長期予報にも注意します。また、製品の販売見込みについては、貸出先の当事者

からの意見だけではなく、同業他社や販売ルート、消費者等からの情報も入手するとよいと思います。

(3) 季節資金の本質は在庫資金であり、その調達は単名借入であることはすでに書きました。ところが、筆者が研修で季節資金のことを説明するとき、観光バス会社や賃貸住宅斡旋業者に貸すことを季節資金貸出という人がいました。観光バス会社は秋の旅行が多いこと、賃貸住宅斡旋業者は春に需要が多いことを理由にあげていました。しかし、それらは売上げに季節性はありますが、その季節にあわせて借入して販売する商品を在庫として積み上げていますか。秋の旅行の需要にあわせて借入して観光バスを買いますか？　賃貸物件を借入して自社所有物件にしますか？　これを季節資金貸出とは言いません。

6 工事立替資金は個別管理をしっかり行う

場面 51　牧田君は、SS建設から工事立替資金の借入申出に接しました。同社は同時期の工事案件を3件受注し、その工事に必要な資金を借入したいとのことなので、必要金額の合計額を貸出金額とし、最後の工事完了予定日を返済期日として稟議書を作成し、支店長に回しました。

支店長：牧田君、三つの受注案件に工事請負契約書は原本で確認したか。

牧田君：三つともコピーでした。

支店長：それはダメ。工事立替資金貸出の基本は工事請負契約書の原本で受注（請負）金額と工期（完了予定日）、そして請負代金の支払方法を確認することが大事だ。

牧田君：コピーではなぜダメなのですか。

支店長：コピーでは金額や工期を、都合よく改ざんされることがある。たとえば、受注金額20百万円を修正液で消してから30百万円に書き換えたコピーをもってきたり、工期も勝手に延長するということがある。

牧田君：SS建設はそんなことはしていないと思います。

支店長：改ざんしていないかもしれないが、貸出担当者は"健全な懐疑心"をもって基本に忠実でなければいけない。また、相手に対して、当行は工事請負契約書の原本確認が必要であることを教える意味もある。

牧田君：わかりました。

支店長：原本確認と工事支払代金の振込指定口座が当店になっていることは、必ず確認すること。ところで、この稟議だけれど、三つの工事案件をまとめて貸出し、約弁付きとなっているのはおかしくないか。

牧田君：三つの工事の受注額の合計は1億円ですから、80百万円の貸出額は妥当だと思います。

支店長：この採上げ方は君が考えたの、それともSS建設からこうしてほしいと言われたの？

牧田君：私が1本にまとめました。

支店長：感心しないな。工事立替資金貸出は、受注工事1本ごとに管理することが基本だ。なぜなら、受注案件ごとに請負契約があり、前払金の有無、中間の部分払いなどが決められている。そもそも約弁で返済となっているが、請負契約の支払方法と整合性がないじゃないか。

牧田君：……。

支店長：それに貸出期限は工期が最後の案件にあわせている。いちばん早く終わる工事は、その期限より1カ月も前で、その支払代金は

貸出期限の1カ月前に入っているはずだ。

牧田君：……。

支店長：三つの請負契約書を見ると、どれも「前払金が10分の4」と書いてある。受注工事の合計額が1億円ならば40百万円は前払いされているとみたら、自己資金がゼロでも80百万円の貸出金額は多すぎるよな。どうしてこの金額なんだ。

牧田君：SS建設からの借入申出金額は50百万円でしたが、私からもう少し余分に借りてほしいと頼みました。

支店長：貸込みか！　目標のためか。

牧田君：はい、すみません。

支店長：数字目標のためにお客様に迷惑をかけてはいけないとあれだけ言っているのに、まだわからないのか。

牧田君：……。

この〈場面51〉の要点を整理してみます。

① SS建設が3件の受注工事に必要な工事立替資金の借入に来ました。担当の牧田君は、個別ひも付き管理ではなく、3件をまとめた貸出にする稟議を作成しました。

② 支店長からまず最初に、工事請負契約書の原本確認について問われ、コピーで確認したと話したところ、コピーは改ざんされることがあるので、必ず原本確認するようあらためて指示がありました。

③ また、3件の工事請負契約書を見た支店長は、どれも前払金が40％あることから、1億円の受注であれば40百万円の前払金があり、80百万円の貸出金額は多いのではと鋭く指摘されました。

④ SS建設からの借入申出金額は50百万円であったが、牧田君が目標を意識して余計に借りてほしいとお願いしたことがわかりました。

⑤ 支店長は、目標のためにお客様に迷惑をかける行為に怒りました。

講義のポイント

(1) 工事立替資金貸出の基本は、工事請負契約書については必ず原本で内容を確認すること、受注代金の支払は自店へ振込指定されていることの2点です。

　工事請負契約書で確認すべきは金額と工期だけではありません。前払金の有無、中間の部分払いなどの取決めを読み、借入申出金額の妥当性をチェックすることが大事です。

　本事例の工事受注額は1億円です。前払金が40％ですから40百万円が事前に支払われますので、粗利がゼロ、自己資金がゼロと仮定しても借入金額が60百万円を超えることはありません。

(2) 土木・建設業界は公共工事関連の予算縮小のあおりを受けてここ数年の受注環境は厳しくなっています。また、談合の摘発という社会の目もあり、入札競争も激しく、受注した場合の利益も限界的（儲けが少ない）といわれています。

　そのような状況下、実態は赤字であるが、入札資格を確保するため経常利益を黒字にする粉飾決算を行っている企業もあります。資金繰りに苦しい業者は、受注した案件で工事立替資金を借入する機会に便乗して余計に借りるという行為に及ぶことがあります。そのため、工事立替資金貸出は基本どおりに行うことが大事です。

　多くの銀行の業種別貸出金内訳を見るとき、建設業向け貸出におけるリスク管理債権比率が他の業種より高いのは、工事立替資金貸出を基本どおりに行っていないからだと考えられます。

7 他行肩代りの落とし穴

場面 52 太田君は、TT金型工業が主力の乙銀行から借りている貸出の全額肩代りを企図する内伺いメモを書き、支店長に回しました。

支店長：太田君、乙銀行のTT金型工業宛貸出を全額肩代りすると書いているが、これは本当か。

太田君：はい、社長の内諾は得ています。

支店長：この話は君が持ち込んだのか、それともTT金型工業から言われたのか、どっちだ。

太田君：私が何度も訪問して、新規取引の開始をお願いしていたら、社長から「では乙銀行からの借入を肩代りしてほしい」と言われました。

支店長：それでこのメモを書いたのか。

太田君：はい。

支店長：君はなぜ肩代りしたいの？

太田君：なぜ……って。私は新規取引先をとるのが仕事ですから。また新規先で伸ばす貸出目標もありますし……。

支店長：君の役割はそうだが、私はこの案件は乗り気がしない。

太田君：どこがいけないのですか。

支店長：君のメモは、TT金型工業の本社工場の土地建物の評価額が十分で、担保があるから問題ないという考えだ。しかし、担保が十分にあるからといって貸してもいいとは限らない。君は、社長が主力の乙銀行をなぜ変えたいと言い出したのか、考えてみたか。

太田君：どうも関係がうまくいかなくなっていたと聞いています。貸出

の話でトラブルがあったらしいです。

支店長：どんなトラブルか聞いているか。

太田君：そこまでは、聞いていません。

支店長：乙銀行がこれ以上の貸出はできないといって、トラブルになっていたとしたら……。

太田君：担保余力はまだ十分あり、まだ貸せるし、万一の場合も回収できます。

支店長：不動産担保があるから簡単に回収できると思っていたら甘いな。それはともかく、担保余力はまだ十分あるのに、なぜ、乙銀行と貸出でトラブルになったのかを考えなくてはいけないのじゃないか。

太田君：そこまで考える必要がありますか。

支店長：ある。他行肩代りは相手のことを十分に知らないで、数字欲しさで食いつくことが多い。このように全額肩代りでいきなり主力になることは危険であり、やるべきではない。

太田君：支店長、80百万円の貸出で一挙に目標達成率が高まる案件ですよ。

支店長：君たちはすぐに目標達成のことを言うが、それも大事だが、健全な貸出を行うことのほうがもっと大事だ。拙速に動いた結果、ババを引いては元も子もない。そもそも、日本の金型業界はガタガタで将来性、成長性は見込めない。ところで同社はどんな金型をつくっているの？

太田君：まだそこまで調べていません。

支店長：肩代りする金額に目を奪われて、審査の目を忘れているね。日本の金型業界は簡単なプラスチック射出成型のモールド金型では生き残れない。超精密のモールド金型やプレス金型で独自の技術をもっていないと生き残れないといわれている。乙銀行はそういうことまで見ていると思うよ。もっと、真剣に貸出に向き合って

> ほしい。数字だけでなく、良質の貸出資産を積み上げるために……。

この〈場面52〉の要点を整理してみます。
① 太田君は新規先としてTT金型工業宛てに訪問を重ねていましたら、社長から乙銀行の貸出肩代りを打診され、全額肩代りするメモを書きました。
② 支店長は、社長がなぜ乙銀行の肩代りを言い出したかを考えたかと太田君に問いかけましたが、太田君はそこまで考えていませんでした。
③ 太田君は、不動産担保の余力が十分あることで全額肩代りしても問題ないと判断したようです。
④ 支店長は、担保があるから貸すという考え方に否定的で、金型業界の動向を含め、新規の貸出先としての審査をしっかり行ってほしいと太田君に言いました。

講義のポイント

(1) 資金需要が乏しいなか、貸出の数字を伸ばす方法として、他行の貸出金を肩代りすることが行われます。肩代りは、他行の貸出条件よりも優遇することでとれる可能性がありますが、この方法はリスクが大きいことも知っておかなければいけません。

他行肩代りを行うことには次のようなリスクがあります。
① 他行の術中にはまる。結果として、他行の不良債権予備軍の貸出先と貸出取引を開始することになる。
② 貸出先の思惑にはまる。
・貸出条件を天秤にかけられ、貸出先にとって都合のよい条件→採算が悪い貸出になる。
・肩代り資金としての貸出金は、本来他行借入の返済に充てるはずが、返済されずに勝手に使われる。

(2) 他行肩代りをねらっている担当者に筆者が告げたいことは次の言葉です。「うまい話には裏がある」「おいしい話にはトゲがある」

しかし、成果主義による数字獲得競争をしている銀行は、企業の中身を審査することなく、甘い条件を出して取引をとることを目的にして、後々になって裏やトゲに気づいても、時すでに遅し、"万事休す"です。

筆者は現役支店長のとき、「他行被肩代り」（＝他行に肩代りしてもらう）という方法で、要注意先などのリスクある貸出を他行に差し上げました（肩代わってもらいました）。その結果、不良債権額を減らすことができ、肩代りしてもらった後に、その会社が倒産し、損害を免れたケースが数件あります（第5章第2節4「他行被肩代り」参照）。

金利を引き下げ、採算を犠牲にして肩代りした結果、その貸出取引が順調に伸びる確率はかなり低いと思います。肩代りした時点は数字が伸び、評価されますが、その後の取引が要注意先になってしまうようでは、肩代りが成功したとはいえません。

(3) 貸出取引開始のきっかけが他行肩代りになる場合、いきなり全額肩代りするのではなく、必ず資金使途を確認し、取引を半年・1年と続け、貸出先のことがわかるようになってから、徐々にシェアアップを図る方法が常道かと思います。

肩代りする場合も、資金使途と金額の妥当性を検証して、審査をしっかりと行う基本を忘れてはいけません。

8 設備資金の借入計画のチェック

> **場面 53** 中村君はUU出版の本社建設資金の設備資金貸出の稟議書を作成して、支店長に回しました。

支店長：中村君、UU出版が本社を建設するの？
中村君：はい、いまの本社は賃借物件で、古いし、狭いし、汚いので、前々から社長は自社物件の本社がほしいと言っていましたので、これでやっと実現すると喜んでいました。
支店長：それは新しい本社を自前でもてるようになれば嬉しいさ。ところで、この設備投資計画だけど大丈夫か。
中村君：どのあたりですか。
支店長：本社を建てたからといって売上げが伸びるとは限らないよね。しかし、この計画では売上げが前年比10%増加し、それがずっと横ばいの計画になっている。
中村君：いままでの家賃が80万円、それが約弁が2百万円になるので、約弁金額を出すうえで必要な売上げとして計画をつくったみたいです。
支店長：みたいです……と、担当の君がそんな言い方でいいのかね。要するに、この設備資金借入の返済に無理はないか……ということだ。約弁金額だけでなく、光熱費や税金（固定資産税）のことも考えているのか。売上げが10%伸びるなら、増加運転資金も発生するぞ。
中村君：返済はぎりぎりかもしれません。でも社長がどうしてもこういうビルにしたいという強い希望があって……。
支店長：気持ちはわかるが、無理な資金計画では資金繰りが大変になる。損益分岐点は計算したか。
中村君：損益分岐点の計算はやっていません。でも、社長は返済が苦しくなったら、自分が会社に貸して返済するから心配するなって言っていました。
支店長：借入金の返済は大変になることがわかっているなら、設備借入の何割かは増資資金でまかなえばよいじゃないか。社長が会社へ貸し付けてもよいという考えがあるなら、増資払込みを社長が行

> って、借入金を少なくしたほうがよい。そうしたらどうだ……。
> 中村君：そうですね、その話は明日社長のところへ行き、話してみます。

この〈場面53〉の要点を整理してみます。

① UU出版から本社建設資金として設備資金の借入申出がありました。

② 中村君が作成した設備資金貸出の稟議書をみて、支店長は資金計画は大丈夫かと尋ねました。

③ 中村君は、社長が返済については自分が会社へ貸し付けるから大丈夫だと言った言葉に安心し、資金計画の妥当性について詳細に検討していないようです。

④ 支店長は、社長が会社へ貸し付ける意向があると聞き、それならば社長が増資払込みをして、借入金を少なくできるのでは……という考えを中村君に示しました。中村君は早速その案を社長のところへもっていくと言いました。

講義のポイント

(1) 設備投資は企業の長期経営計画の一環として行われるものです。設備投資は企業の成長に大きく寄与する場合と、企業の体力を疲弊させる場合があります。

上記場面の設備投資は本社建設資金です。本社建設や福利厚生施設などの設備投資は売上げや生産をアップさせるものではありません。売上げ・利益を伸ばす投資ではないが、設備資金の返済は毎年の利益のなかから行う以外に方法はありません。したがって、設備資金の返済原資は慎重に検討しなければいけません。

生産設備増強のための設備投資、売上増加に対応するための倉庫・物流センターなどの設備投資、あるいは研究開発投資の設備投資は、企業の成長に

欠かせない投資であり、経営戦略上も重要な投資判断となります。その投資効果は、投資目的との関係で判断しなければいけません。

ところが、中小企業の場合、そのような詳細な検討（需要予測、生産計画、販売計画等）を行うことなく、技術畑の社長は「新しい機械がほしい」という理由で設備投資を決めることがあります。そのような場合、銀行が設備投資計画の是非、および検討すべき視点を貸出先に教えることが必要です。少なくとも、仕入販売計画と資金計画を策定し、返済原資の確保について確認しておく必要があります。

担保をとって貸せばよい……という単純な考え方で設備資金貸出を採り上げることは許されません。

(2) 設備投資は貸出先の事業経営にいろいろな影響を及ぼすことを知らなければいけません。

設備投資貸出を検討する場合、設備投資に伴う資金需要は設備購入資金だけではありません。生産設備機械、倉庫・物流センターなどの設備投資の場合、売上増加に伴う増加運転資金が発生します。損益面では償却、支払金利に影響し、固定費を上昇させ損益分岐点を押し上げることになります。

上記場面で、設備投資金額の一部を増資払込資金でまかなうことになれば、資本構成で安定が図られることになります。

第4節

貸出判断のポイント

1 クレジットポリシーの遵守

場面 54 園部君がVV電子宛新規貸出を行いたいとする内伺いメモを書き、支店長に回しました。

支店長：園部君、このメモを読んだけれど、まったく意味がわからない。

園部君：運転資金として10百万円貸したいということです。

支店長：それは読めばわかる。貸出の基本について書いていない。この10百万円の資金使途は何か、この金額は妥当なのかは検討したのか。また、この会社が何をやっていて、業績がどうなのか……、取引先要項が添付してあるだけで、決算分析についてのコメントは何も書いていない。"信用扱いで問題ない"と何を根拠に書いているのか、理解できない。他行の取引状況もわからない。これでは判断できない。

園部君：VV電子に何度か訪問していたら、10百万円貸してほしいと言われたので……。

支店長：言われて、それからどうしたの？

園部君：いろいろ聞いても答えてくれないし、決算書もくれないし

……。
支店長：相手がどんな会社かわからないのに、言われたとおりに貸すと
　　　いうのか⁉　銀行はボランティアで金を貸すところではないぞ。
園部君：……。
支店長：君は当行の「クレジットポリシー」は読んだことはあるか。
園部君：研修で習ったと思いますが、よく覚えていません。
支店長：クレジットポリシーを全部読み直せ。まずは、「総則」と「融
　　　資の基本姿勢」「審査の基本」は熟読して頭のなかにたたき込む
　　　こと。銀行は単なる"金貸し"ではない。貸出の基本と本質を学
　　　ぶところから始めなさい。
園部君：はい、わかりました。

　この〈場面54〉の要点を整理してみます。
　① 園部君は、VV電子から10百万円の借入申出を受け、信用で貸した
いというメモを作成しました。
　② ところが、資金使途と金額の妥当性の検証をしていないばかりか、
貸出先の実態把握もほとんど行わずに信用で貸すという内容を読み、
支店長は怒りました。
　③ 支店長は園部君に、貸出の基本ができていないため、クレジットポ
リシーを読み直すよう指示しました。

講義のポイント

(1)　貸出業務を安易に考え、目標数字の達成競争のごとくとらえて、自己満
足的な行動をとっている人がいます。貸出業務の基礎となる知識もなく、
セールスマン感覚のお願いベースで数字の積上げをしている人がいます。
「貸してほしい」と言われたら、すぐに「はい、貸します」と結論ありきの
人がいます。貸すことが目的になり、貸出先に関する問題点やリスクを隠す
人がいます。貸出事務については関心がなく、契約書の内容・条文を説明で

きない人がいます。決算書を見ても、財務上の問題点を指摘できない人がいます。貸出先の経営実態や事業内容を深く知ることなく、担保があれば貸してもいいと思っている人がいます。数字さえ伸ばせば評価されると思っている人がいます。

　上記のような担当者が行う貸出業務は、貸出先から真に信頼され、信用を得ているでしょうか。貸出業務の本質や目的を真剣に考えたことがあるでしょうか。

　"真っ当な貸出"ということを考えずに貸出業務に携わっている担当者がいるということは、上司や銀行が"真っ当な教育指導"を行っていないということです。高速道路を無免許でスピード違反しているドライバーを黙認しているということです。

(2)　どの銀行にも、「クレジットポリシー」「与信行動規範」という名の、いわゆる「（当行の）貸出運営の憲法」があるはずです。貸出業務に携わる人は、支店長から担当者まで、その内容を正しく理解して、規程を遵守して貸出業務を行わなければいけません。「クレジットポリシー」「与信行動規範」に反する行為は、コンプライアンス違反になります。

　こんな単純なことさえ守れない人がいます。また守っていない人がいることを知っていながら、見て見ぬふりをしている人と組織があります。ディスクロージャー誌では「理念」「倫理要項」「行動指針」「コンプライアンス態勢」で至極立派なことを文章にして掲げているにもかかわらず、現場で行われている貸出業務の実態は、「恥ずかしい行為（注）」であったり、「銀行都合の優先」であったりしていませんか。このような実態を放置している銀行が経済社会で真に信頼・信用されるわけがありません。

(注)　「恥ずかしい行為」……拙著『貸出業務の信質』（金融財政事情研究会・平成24年）第4章参照。

(3)　貸出業務に携わる人は、いま一度、自行の「クレジットポリシー」「与信行動規範」を熟読・精読してください。これを遵守することで、不良債権につながるような貸出資産は確実に少なくなります。また、これを遵守する

ことで、貸出先との信頼・信用の絆は確実によくなると思います。
　さらに、これを遵守することで貸出担当者のレベルは確実にアップし、支店のチーム力、銀行全体の貸出力は素晴らしい健全な力を発揮します。

2 債務償還能力を見る

> **場面 55**　吉村君がＷＷ文具販売の営業所出店の設備資金貸出の稟議書を作成し、支店長に回しました。
>
> 支店長：吉村君、稟議書はこれでいいが、債務償還年数についても触れておいたほうがよい。
> 吉村君：そうでしたね。ここは担保余力が十分あるので、回収には問題ないと思って……。
> 支店長：担保が十分であることと、債務償還年数とは意味が違うぞ。
> 吉村君：わかっています。え～っと、本件後の長短借入金は150百万円で、キャッシュフローは20百万円ですから、債務償還年数は7年半となります。問題ありません。
> 支店長：よし、了解。

　この〈場面55〉の要点を整理してみます。
　①　吉村君はＷＷ文具販売への設備資金貸出の稟議書を作成しましたが、支店長から債務償還年数についても書き足すように言われました。
　②　吉村君はすぐに、長短借入金をキャッシュフローで割算し、債務償還年数は7年半であるから問題はないと答えました。

講義のポイント

(1) 貸出判断を行う場合、貸出先の借入金総額が過大でないか、返済可能かということの検討を行います。すなわち、借入金を何年で返せるかという債務償還年数を計算し、おおむねの判断をします。

債務償還年数の計算式は、それぞれの銀行で決められ、絶対的な尺度といわれる式はありません。たとえば、償還すべき債務はどれを指すかということでは、貸借対照表における「短期借入金（除く商手）＋長期借入金」の合計額とする場合、また、この合計額から経常運転資金をマイナスした金額で見る場合、さらに現預金額と借入金を相殺すると仮定し、現預金額をマイナスしたネット借入金額で見る場合などがあります。また、「短期借入金（除く商手）＋長期借入金」に社債残高や流動ギャップ（注）を加えることもあります。
（注） 流動ギャップ……「流動負債－流動資産（＝0超の場合）」

キャッシュフローについても、いろいろな考え方があると思いますが、「（経常利益÷2）＋減価償却費」の数字が一般的に使われています。

その結果、債務償還年数について、債務償還年数が10年未満であれば正常先（問題なし）、10年以上20年未満の場合は要注意という判断基準がそれぞれの銀行で示されていると思います。

(2) 債務償還能力は上記計算でおおむね判断することが多いと思います。これは言い換えれば、事業によって生み出される利益による「収益償還能力」といえます。

一方、事業活動を継続することを前提に考えるとき、「収益償還力」を補完する意味で「有効資金化力」の確保も重要です。この「有効資金化力」とは、「事業継続を前提にして処分可能な資産の時価」（遊休不動産や投資有価証券等）と「定期預金」を評価します。

上記は、「債務償還能力」は「収益償還能力」と「有効資金化力」で構成されると考えていますが、「有効資金化力」はあくまでも「収益償還能力」を補完する位置づけで考えるべきです。

第 5 章

事務管理と債権管理の重要性

第1節

事務管理

　貸出業務を遂行するに際し、最も重要なことは「適正な判断」と「適正な事務」です。この両者が車の両輪のごとく適正に回ることで、真っ当な貸出業務が行われているといえるのです。貸出判断が適正に行われても、事務が疎漏であれば、銀行全体の信用失墜につながるおそれがあることを肝に銘じておく必要があります。

　全国的に貸出担当者の貸出判断力が低下しているといわれるなか、貸出事務に対する関心も低く位置づけられているように感じます。銀行によっては、貸出事務を経験しないで貸出先担当をもたされるローテーションもあるようです。

　筆者の持論は、貸出先を担当させる前に、必ず貸出事務を経験させるべきであるという考え方です。貸出事務を知らないということは、標準手続の内容をよく知らない、銀行取引約定書を理解していない、諸契約書類の条文・意味を理解していない、貸出業務に関連する法律の勉強が足らない、手形法を理解していない、事務ミスによる事故および判例を知らないということが考えられます。事務を知らないで貸出先を担当させるということは、自動車の運転免許証にたとえるならば、交通法令等の学科試験を受けずに（または合格していないのに）、未熟な実技ができるだけでいきなり公道で自動車を運転させるようなものです。信用と信頼で行われるべき貸出業務がそれでよいのでしょうか。

7 標準手続（マニュアル）の遵守

場面 56 岡田君は、XX商会から今月末の手形割引の依頼を受け、商業手形10枚を預かり、支店に戻って融資事務係へ渡しました。

支店長：岡田君、ちょっと来てくれ。さっき、XX商会から預かってきた商手を融資事務係に渡したそうだな。

岡田君：はい……。

支店長：融資事務係からクレームが来ている。融資事務係は君には何度も注意しているが、一向に直してもらえないので、私から言ってくれと言われた。何を言われるか、心当たりがあるか。

岡田君：商手の渡し方ですか……。

支店長：融資事務係への現物の受渡しだけじゃない。君は商手を預かるとき、要件不備の商手を預かってくることが頻繁にあるようだ。その商手に最終裏書人欄に当行のゴム印も押さないで持ち帰っているそうだな。返済小切手には横線判も押してない……と言っているぞ。

　　　　なぜ、マニュアルとおりにやらないんだ。

岡田君：忙しかったからです。

支店長：忙しい？　XX商会に行くときはいつも忙しいのか!?

岡田君：次の訪問先のアポの時間が迫っていたので……。

支店長：次の訪問先に電話を入れて「ちょっと遅れます」と言えばいいだろ。忙しいからといって、マニュアルどおりの手続をしなくてもいいと言われたことがあるのか。そんなことだれも言っていないだろ。必ず、マニュアルどおりに手続することを優先しなさ

　　　　い。
岡田君：はい、わかりました。
支店長：そもそも君はマニュアルに定められたやり方を知っているのか。
岡田君：……。
支店長：手形の要件確認は何をすべきか知ってるか。また、商手の最終裏書人欄に当行のゴム印を押す意味、小切手に横線判を押す理由は何だか知っているの？　答えられるか。
岡田君：……。
支店長：小切手の「横線」と「線引きの効力」については「小切手法」第37条と第38条に書いてある。「小切手法」とともに「手形法」も勉強し直す必要がある。そして、マニュアルをしっかり読め、いいか。
岡田君：はい、わかりました。
支店長：基礎的な勉強をしっかりやりなさい。いいね。

　この〈場面56〉の要点を整理してみます。
　①　岡田君はXX商会を訪問したとき、手形割引する商手10枚を預かり、支店に戻り、それを融資事務係に渡しました。
　②　岡田君は支店長に呼び出され、以前から融資事務係から注意されていたことを支店長からも言われ、怒られました。
　③　それは、商手や小切手の預り方、受渡し方がマニュアルどおりに行われていなかったことについてです。
　④　支店長は岡田君に、貸出事務のマニュアルを読み、規定を遵守することと、「小切手法」「手形法」について勉強するようにと、きつく言われました。

講義のポイント

(1) 貸出業務に携わる者は、次の2点は常に心がけなければいけません。

① 標準手続（マニュアル）は必ず遵守する。

② 手続を行うにあたり、手続の背景にある理由・根拠を理解する。

標準手続の規定には、定められた背景となる理由と根拠があります。なぜこのような手続になっているのか、なぜこの書類がいるのか、という手続の背景をよく理解したうえで、日々の貸出事務を行うべきです。このことを理解しないと、事務が形式的に流れ、それが自己流に変わり、思わぬ事故につながりかねません。

平成11年9月に茨城県東海村のJOCで起きた原子力（臨海）事故（作業員が死亡）はマニュアルどおりに作業を行わなかったことが原因ですが、この事故に関連して、ある雑誌に次のようなことが書かれていました。

「・人はそれ以外に方法がない場合以外は、いつも指示書に従うとは限らない。もっと簡単な方法があれば、その方法で行う傾向がある。

・一度、別の方法でうまくいくと、別の日にまた同じ方法で行い、これが繰り返されると、いままでの方法は無視され勝手に改変される。

・一般に、定められた手順どおりでなくても、注意してやれば事故は起こらないと思っている人が多く、安全作業基準を無視する」

これは品質工学の教科書の一節だそうです。

銀行の貸出マニュアルを遵守しない場合、人の死に至ることはありませんが、銀行の債権保全面において重大な損害を与えることにつながることを知らなくてはいけません。銀行は、過去に起きた事件、事故の経験をふまえたうえで現在のマニュアルが定めているのです。したがって、担当者は万に一つも手続を勝手に逸脱する取扱いをしてはいけません。

(2) 貸出業務においては、マニュアルに定められた事務の基本を、全員が基本動作として身につける必要があります。この基本動作は、支店長といえども特例扱いは許されません。

それぞれの銀行で貸出事務のマニュアルが定められ、その内容の詳細を知ることはできませんが、およそ以下の事項が「事務の基本」として定められていると思います。

　① 手続、規定、権限の遵守
　② 独断専行の禁止
　③ 本人確認、意思確認の方法
　④ 面前自署の確行
　⑤ 代筆の禁止
　⑥ 現物の受渡し、保管の厳正化
　⑦ 再鑑、検閲の確行
　⑧ 契約締結時の注意点

(3)　マニュアルの遵守はコンプライアンスの問題でもあります。コンプライアンスが大事であると宣言している銀行において、マニュアルを遵守しない者がいることは許されません。

　しかし、これほど口すっぱくマニュアル遵守の重要性について語っているにもかかわらず、上記場面の岡田君のようにマニュアルどおりに事務を行わない者がいることも事実です。その理由として考えられることは、そもそも事務規定を知らない、事務規定を面倒くさいと思っている、貸出先によい格好を見せたい気持ちが働く、等のことが考えられます。理由がどうであれ許される行為ではありませんので、貸出事務のOJTは徹底して行わなければいけません。

2　現物管理

場面 57　ある日の朝、貸出事務にルーズで、マニュアルの手続をよく知らない岡田君の机の中を支店長が抜き打ちで検査

したところ、YY商会の社長の普通預金通帳と同社の不動産（土地・建物）の権利証が出てきました。

支店長：岡田君、これは何だ!!　何で、顧客の重要な現物が机のなかにあるのだ!?

岡田君：昨日の夕方、忙しくてバタバタしていて、気づいたら金庫がしまっていたので、仕方なく……。

支店長：バカもの！　現物の保管は大事であるということを認識していれば、忙しくても、「ちょっと待ってて」と一言声をかけるくらいできるだろ。君は事務をおろそかにし、マニュアルの勉強も足らないと以前から何度も注意しているのに、どうしてこういうことをやるんだ。

岡田君：すみません。

支店長：大事な現物を紛失したらどうなる？　大変なことになることくらい、君にもわかっているだろ。顧客に迷惑をかけるだけでなく、当行の信用が失墜する。

岡田君：以後、気をつけます。

支店長：君の1カ月間の行動を見て、君を渉外担当からいったん外す。融資事務係に入って、事務を一から勉強してもらう。いいね。

岡田君：はい、わかりました。

この〈場面57〉の要点を整理してみます。

① 事務疎漏で何度も注意を受けている岡田君の机のなかを、支店長が抜き打ちで検査したら、机のなかに預金通帳と権利証の現物がありました。

② 支店長は激怒しました。そして、岡田君を渉外担当から外し、融資事務係に入れて、事務の勉強をさせることにしました。

講義のポイント

(1) 貸出業務を行うため、貸出先から、商手・返済用小切手・担保設定の契約書・権利証・通帳等々の現物を預かることがあります。その現物の処理が当日中に終わらない場合、現物を保管しなければいけません。現物の受渡しと保管は厳正にマニュアルどおりに行わなければいけません。上記、岡田君のように現物を自分の机に中に入れては絶対にいけません。

(2) 現物の受渡しは、次の三つの場面において起きます。
   ① 貸出先において現物を受け取る場合
   ② 支店に戻ってから、店内各係に現物を受渡しする場合
   ③ 貸出先へ現物を返戻する場合

どの場合においても、自行マニュアルで定める方法を遵守して、厳正に行う必要があります。特に、事故を防ぐためにも、預かった現物をその場(お客様の前)で一次処理することは大事です。現金は面前で数える、小切手は特定横線判を押す、商手は要件チェックを行い、最終裏書人欄に自行名のゴム印を押す……など。「現金、現物はその場限り」という意識をもって事務処理を行うことが大事です。

(3) 現物を支店に持ち帰った後、それを机の上に放置していてはいけません。また、上記場面のように、保管すべきところに保管せず、自分の机のなかに留め置くこともいけません。現物の保管は、マニュアルに定められた手順・方法で、決められた保管場所に保管しなければいけません。

大事なことは、マニュアルに定められた手順・方法を遵守することはもちろんですが、未処理の現物を極力早く処理して、預かっている現物を減らすように努力することです。

3 期日管理

場面 58 豊田君がZZ製紙販売への経常運転資金継続の稟議書を書き、支店長に回しました。

支店長：豊田君、この経常運転資金の継続日は明日になっている。どうしてギリギリになってから稟議書を回すのだ。

豊田君：すみません。

支店長：経常運転資金の継続だから期限ギリギリでもよかったが、これが新規貸出の場合、審査部の承認が間に合わなかったらどうする？

豊田君：困ります。

支店長：豊田君、稟議の場合、審査部宛提出期限が決められているはずだ。貸出担当者は期日管理をしっかりやらなくてはいけないぞ。
　私たちの時代は、あらゆる期日管理は自分で手書き管理していたが、いまは稟議期限も担保関係の期日管理もコンピュータから還元資料が来るのだから、期日管理がある仕事は前広にやらなくてはいけない。

豊田君：継続稟議だから優先順位を後にして遅くなってしまいました。

支店長：期日管理の極意を教えるから、よく頭にたたき込んでおけ、いいか。大事なことは、前広に準備して、確実に行うことだが、ポイントは、管理する期日は「期限（エンド日）」ではなく、期限から処理に必要な時間（日数）を見込んで逆算し、その仕事の着手日を管理することだ。

豊田君：要は早くやればいいということですよね。

支店長：そういうこと。学生時代の試験のときやった一夜漬はダメだ

> ということだ。それから処理に必要な時間を見込むといったが、これは君が処理する時間〜稟議書の作成にかかる時間、という意味だけではなく、君の手から離れてから必要な、決裁や事務にかかる時間も見込むということが大事だ。
>
> 豊田君：確かに……。そのとおりですね。
>
> 支店長：いままで、君はそれに気づいていなかったの？ 稟議書が回ってきても、私に訪問予定が入っていたら、稟議書をすぐに決裁できない……。そういう時間のゆとりも含めて、期日管理は前広に準備して確実に行うように。いいね、わかったね。
>
> 豊田君：はい、わかりました。

この〈場面58〉の要点を整理してみます。

① 豊田君はZZ製紙販売宛経常運転資金貸出の稟議期限が到来するので、継続稟議を書いて、支店長に回しました。

② 支店長は、前稟議の期限が明日になっていることに気づき、期日管理をしっかり行うよう、豊田君に言いました。

③ 支店長は、期日管理を確実に行うためには、管理するのは「期限（エンド日）」ではなく、期限から処理に必要な時間（日数）を見込んで逆算して着手する日を管理するようにアドバイスしました。

④ 支店長は、担当者の手から離れた後にも決裁や事務にかかる時間を見込む必要性があると話し、豊田君は納得しました。

―――――――― **講義のポイント** ――――――――

(1) 期日管理は貸出担当者にとって重要な職務の一つです。管理する期日は、稟議期限（＝与信判断有効期限）・手形期日等（注1）・担保関係期日（注2）・その他（注3）、いろいろたくさんあります。現在はコンピュータ登録により、還元資料で期日管理表を見ることができると思いますが、期日の入力ミスがあったら大変です。細心の注意を払って入力し、再鑑チェックして

ください。
(注1) 手形期日等の期日管理
・手形貸付の期限　・手形の期日　・金利の見直し
・証書貸付返済に伴う抵当権抹消
(注2) 担保関係の期日管理
・担保定期の満期日　・有価証券担保の公社債償還期限
・保証書期限　　　・信用保証協会の根保証期限
(注3) その他の期日管理
・見返不動産担保の印鑑証明書、代表者資格証明書、不動産登記簿謄本の有効期限（発行日から3カ月）
・分割実行期限　・稟議条件等の報告期限

(2) 貸出担当者は、期日管理は債権保全上きわめて重要であることをしっかりと認識しなければいけません。前述した現物管理と同じく、ミスは絶対に許されません。

・貸出先から依頼された手形割引の実行日を失念（あるいは錯誤）したため、資金不足で支手決済ができなかった。
・貸出先が倒産し、保証人に請求したが、保証書の期日管理を怠り、保証期限切れだった。

どちらも期日管理におけるミスです。上の事例は、業者仲間・業界内に不渡りを出したという噂が広まり、貸出先の信用に多大な損害を与えることになり、銀行は損害賠償請求される問題に発展します。下の事例は銀行の債権回収に不測の事態を招き、実損被害に及ぶ可能性があります。

期日管理を単純な事務と見下してはいけません。上記のような重大な事故につながることもあると知り、マニュアルは絶対に遵守するとともに、早めにかつ確実に処理することを心がけてほしいと思います。

第 2 節

債権管理

　貸出業務は、貸出を実行して期日に返済されるまでがワン・サイクルの仕事です。貸出を実行したら担当者の役割が終わりというわけではありません。

　企業は生きものであり、貸すと判断したときは返済期限まで健康体で大丈夫と診断をしたものの、貸出実行後に予期せぬ病気にかかったり、貸出判断時点では見つけることができなかった病気が発覚することがあります。貸出先の病状次第では、貸出金が返済されなくなる懸念が生じることも考えうるため、銀行は貸出実行後も貸出先の健康状態をチェックする必要があります。これが「債権管理」です。すなわち、貸出債権が期日に返済されるように、貸出債権の保全・維持状況を確認することです。「債権管理」は、貸出先の健康状態に異常を発見した場合、債権保全のために必要な対策を早く打つことにつなげる大事な仕事といえます。それは、さまざまな視点から貸出先の事業経営、業績の実態を「モニタリング」するもので、大事なポイントは"動態的に実態把握する"ことです。

7 貸出実行後の資金使途チェック

場面 59　中島君はAB建材宛て30百万円の経常運転資金貸出の期限が到来するので、昨年実行した増加運転資金10百万円を上乗せし、40百万円の経常運転資金の増額継続稟議を支店長に回しました。

支店長：中島君、経常運転資金を増額継続する稟議書だけど、ちょっと引っ掛かるな。

中島君：何か……。

支店長：昨年許容した増加運転資金の稟議書では、売上げ10％が増加するという予想で増加運転資金を出したのに、売上げは伸びていない。前期比トントンじゃないか。

中島君：はい、たしかにそうです。

支店長：増加運転資金はどこへ行ったのか……と見てみると、投資有価証券が10百万円増えているね。これを買うのに使ったのでは……。

中島君：そのとおりです。

支店長：君は気づいていたのか。

中島君：はい、決算書をもらったとき、売上げが伸びていない、一方、投資有価証券が増えていたので、事情を聞きに行きました。

支店長：それでどうだった。

中島君：経理部長が、社長が株を買うのに使ったと言いました。

支店長：困った社長だな。買った株の銘柄は聞いたか。

中島君：はい、E建設（東証一部）の株だそうです。売る目的ではないという説明でした。どうしますか……。やはり、増額継続にしな

　　　　　いで、10百万円は別にしておきますか。
支店長：そうだね。10百万円は別の貸出にしよう。これを一緒にした
　　　　　ら、決算書から計算する所要運転資金額と経常運転資金貸出金額
　　　　　と大きく合わなくなる。10百万円の返済をどうするかは、私が来
　　　　　週にでも社長のところへ行って、その取扱いを相談してくるよ。
中島君：わかりました。それでは、稟議書は30百万円の同額継続に書き
　　　　　換えてから、あらためて回します。

　この〈場面59〉の要点を整理してみます。

①　中島君はAB建材宛て30百万円の経常運転資金貸出の期限が来るので、昨年実行した増加運転資金10百万円を上乗せし、40百万円の経常運転資金として増額継続稟議を作成しました。

②　支店長は、決算書を見て増加運転資金発生が認められず、そのかわり、投資有価証券が増加していることに気づきました。

③　担当の中島君に質問したところ、中島君もそのことに気づいており、AB建材に確認したところ、社長が東証上場のE建設の株を買ったことが判明しました。

④　その対応について、支店長は経常運転資金は増額継続にせず、10百万円の貸出の取扱いについては後日社長を訪問し、相談すると言いました。

講義のポイント

(1)　拙著『事例に学ぶ　貸出判断の勘所』（金融財政事情研究会・平成19年）の帯書は「貸出業務の生命は資金使途の検証にあり」と書きました。この意味は、借入申出で説明された資金使途は正しいか否かをチェックするという意味で使いました。したがって、貸出を実行するという判断を下したということは、資金使途の検証を行った結果、問題はないと判断したということです。ところが、実際には貸出実行金が当初説明のとおり使われていないケー

スがあります。

　貸出担当者は、貸出実行後にも資金使途をチェックしなければいけません。貸しっ放しはいけません。なぜならば、当初説明の資金使途と異なる使われ方をしていると、貸出判断時点で検討した返済原資が不確実になり、貸出期間・返済方法も当初判断時と齟齬が生じているかもしれません。それは貸出金の債権保全上の問題にかかわり、安全性と信頼性が損なわれることになるからです。

(2)　貸出実行後の資金使途の確認方法はいろいろあります。

　　・決算書、勘定科目内訳明細書で確認する。

　　・バウチャー（契約書・領収書等）で確認する。

　　・現地、現物を見て確認する。

　貸出金の資金使途が当初の申出と異なることが判明した場合、まずは事実関係を確認しなければいけません。貸出先に、銀行の見方・考え方をぶつけて、事実と真意を聴取します。そこで、資金使途の流用が明らかになった場合、銀行はあらためて資金使途の妥当性について検討しなければいけません。検討した結果、当該貸出金の回収に懸念がない、資金繰りに悪影響を及ぼす懸念もないということがわかれば、厳重注意のうえ、当初約定の貸出を継続する対応でもよいと思います。

　しかし、返済原資が確認されない、債権保全に懸念がある、あるいは貸出先の説明や態度に誠実さが感じられない等、当該貸出を継続・存置させることに問題があると判断される場合、銀行取引約定書に基づき期限の利益を失わせ、回収を図る必要性が生じることもありえます。

　貸出金実行後の資金使途をチェックしない銀行は、貸出先から審査が甘い銀行と見られ、偽りの資金使途を言っても貸してくれる銀行だと思われているかもしれません。これは、信頼されない銀行になっていることを物語ります。

2 月商ヒアリングが重要

場面 60 要注意先であるCDテックは井上君の担当先です。同社の業績が気になっている支店長は、同社決算月の3月が過ぎたので井上君を呼び同社の状況について尋ねました。

支店長：井上君、3月が終わったが、CDテックの売上げ・利益はどのくらいになった？

井上君：まだ、聞いていません。決算書ができあがるのはまだ先ですし……。

支店長：決算書のできあがりを待たなくても、君は担当しているのだから、およその数字はつかんでいるんじゃないか。

井上君：いや、まだです。

支店長：CDテックは要注意先だろ。業績によっては破綻懸念先に落ちてしまうかもしれないのに、決算が終わったのに売上げも利益の見通しもわからないなんて……、債権管理はちゃんとやっているのか！

井上君：……。

支店長：月商はヒアリングしていないのか。

井上君：聞いていません。

支店長：月商ヒアリングが大事であるとあれほど言っているのに……。

井上君：月商を書く制定用紙はありませんし……。

支店長：書く紙がないから書かないのか……、そんなのメモ用紙でも何でもいいじゃないか。月商を把握することは大事であると教えているのだから、制定用紙がないからやらないのではなく、ヒアリングすることが大事なんだ。数字を書き留めるのはどんな紙でも

> いい。
> 井上君：……。
> 支店長：そういえば、昨年秋にここは信用保証協会付貸出をやったね。保証協会へ提出した「信用保証委託申込書」に月商を書く欄（最近12カ月の売上げ）があっただろ。あの数字を前年の数字と比べてみなさい。
> 井上君：前年の数字は……？
> 支店長：信用保証協会宛てに出した数字がなければ、税務署に提出した法人事業概況説明書に月商を書く欄がある。なければもらってきなさい。
> 井上君：はい……。

この〈場面60〉の要点を整理してみます。

① 井上君は要注意先CDテックを担当しています。同社の業績が気がかりな支店長は井上君に3月決算を過ぎたので、売上げ・利益の見通しを聞きましたが、井上君は把握していませんでした。

② 支店長は、貸出先の月商管理・月商ヒアリングは債権管理上、重要であると部下に教えていたようですが、井上君はそれをやっていませんでした。

③ 支店長は、「信用保証委託申込書」や「法人事業概況説明書」に記載してある月商を前年比で見てみなさいと、井上君を指導しました。

―――――― 講義のポイント ――――――

(1) 貸出先の業績を把握するとき、毎月、月商をヒアリングしている銀行は少ないようです。多くの銀行は、決算書のできあがりを待って（3月決算の会社では6月以降にできあがる）、売上げは年商で見ているようです。しかし、月商管理と年商では、債権管理という面から比較した場合、業績悪化の事実に気づくタイミングに大きな差が出ます。

貸出先に毎月、前月の月商をヒアリングするとき、貸出先が回答する月商の数字にウソはまずありません。
　上記のCDテックの場合、3月決算なので、昨年4月からこの3月までの12カ月のヒアリングした月商を足し算すれば年商（売上高）の概数は把握できます。
　この合計額と、できあがった決算書の売上高に大きな差がある場合、決算書の売上高の信憑性に疑問が生まれます。なぜなら、月商ヒアリングしたときの数字を意図してごまかすことは、普通は考えられないからです。
　月商ヒアリングを行うと、前年同月比や前年同期間比で売上げを比べることができます。決算書の年商の数字を見る前に、月次売上高の推移から業績変化に気づき、債権保全に早く着手することができます。

(2)　月商は、「年商÷12」ではありません。月商は季節的特徴があります。また、一般月と節月で差があります。したがって、貸出先の業況変化は、前年同月比または前年同期間比で比べてみるのがよいと考えます。
　担当する貸出先が数十社ある場合、翌月初にすべての貸出先に月商をヒアリングすることは大変だ、面倒だという人がいます。貸出業務の要諦は債権保全であると認識しているならば、面倒なことでも必要であり、有益なことはやらなければいけないのです。面倒だからやらなかったことで、貸出先の業績悪化に気づくのが他行より遅く、債権保全策が後手に回り、銀行として貸倒れにつながった場合、担当者として善管注意義務を果たしたといえるでしょうか。
　月商ヒアリングは、前月の数字を翌月初めに聞くので、粉飾の数字ではないと思います。一方、決算書の売上高は決算月から2カ月の作成期間が入り、決算作成の思惑が働く可能性が十分あります。そこで、月商の合計額と決算書上の売上高を比べる意味があります。

(注)　月商ヒアリングについては、拙著『事例に学ぶ　貸出判断の勘所』（金融財政事情研究会・平成19年）第4章参照。

3 金融機関取引推移一覧表で他行動向をつかむ

場面 61 金田君は、業績好調でシェアアップ方針先であるEF電波工業宛経常運転資金の継続稟議を支店長に回しました。

支店長：金田君、EF電波工業の業績は引き続き好調のようだね。
金田君：5年連続増収増益です。
支店長：当行もシェアアップ方針を打ち出しているが、逆にシェアダウンしているね。これはなぜなんだ。
金田君：昨年度、新規に2行と取引を開始したことが要因です。
支店長：金融機関取引推移一覧表を見ると、甲銀行と乙信金が新規に入っているね。この事実はいつわかったの。
金田君：決算分析していて、借入金について金融機関別の残高を聞いて初めて知りました。
支店長：事後的に新規取引行が参入したことがわかっても意味が薄い。大事なことは「いま起きていること」を動態的・実態的に把握することだ。その意味では、当行の金融機関取引推移一覧表はつくり変えないといけないと前から思っている。
金田君：どういうふうにですか。
支店長：ポイントは二つある。一つは、他行からの借入額は毎月ヒアリングする。そうすれば、新規参入した事実は翌月にわかる。期末借入残高だけ聞いて、過去数年間のシェア推移を見ても、大きな意味はない。二つ目は、毎月ヒアリングするとき、借入合計額ではなく、資金使途別に分けて残高を聞くことだ。
金田君：資金使途別にヒアリングするのですか。大変そうですが……。

　　　　具体的には……。
支店長：借入金について、経常運転資金・季節資金・決算賞与資金別に聞く。手形割引と当座貸越は極度額と実残高を聞いて記録する。そういう金融機関別取引一覧表をつくって、貸出先にはそのフォームを渡し、月初に前月の数字を書き入れてもらい、FAXかメールでもらえば大して面倒じゃない。本部に金融機関取引推移一覧表をつくり変える考えがないなら、私が当店でそのフォームをつくる。
金田君：いつからやりますか。
支店長：いまでしょ！（笑）

　この〈場面61〉の要点を整理してみます。
　① 金田君がシェアアップ方針先のEF電波工業への経常運転資金の継続稟議を作成したところ、支店長からシェアダウンしていることの原因を問われました。
　② 金融機関取引推移一覧表を作成するため、期末時点の銀行別借入残高をヒアリングしたら、甲銀行と乙信金が新規取引を始めたことが判明したと、金田君は支店長に説明しました。
　③ 支店長は、貸出先の業況を実態的に把握するためには「いま起きていること」を動態的にとらえることが大事であるという考えを伝えました。
　④ 支店長は、過去数年間の期末時点の借入残高とシェアの推移を記入する金融機関取引推移一覧表では、その資料から得る意味は薄いと考え、そのフォームを変えるべきと考えています。
　⑤ そのフォームとは、金融機関別に、毎月、資金使途別に分けて聞くというものです。
　⑥ 金田君が「いつからやりますか」と支店長に聞いたら、支店長は「いまでしょ！」と言いました。

講義のポイント

(1) 貸出業務を行うとき、どの金融機関も「取引先要項」と「金融機関取引推移一覧表」の二つは必ず作成されます。ところが、ほとんど多くの金融機関が使っている「金融機関取引推移一覧表」を見ると、上記場面のように、期末時点の借入合計額（＆シェア）の推移を記録するものとなっています。

　過去数年間、期末時点の借入残高推移を記載した同表を無意味とは言いませんが、ここから読み取れる参考となる事実は少ないと思います。貸出先の債権管理において大事なことは「過去の実績」ではなく「いま起きていること」だと考えます。その考え方に基づき、金融機関取引推移一覧表は、"他行借入額は毎月資金使途別にヒアリングする"フォームにすることが望ましいと思います。

(2) "他行借入額を毎月資金使途別にヒアリングする"ことで何がわかるでしょうか。それは次のような事実が見えてきます。

- 同額継続されていた経常運転資金貸出の残高がある時点から約弁付のように減ってきた→貸出姿勢が消極的になった。
- 決算賞与、季節資金貸出を分担・同時実行のはずだったのに、同じ月に実行していない→貸出先の説明にウソがあった？　あるいは当該行の貸出姿勢に変化あり。
- 新規参入行が判明→どんな資金使途で参入したか。
- 取引解消行が判明→どんな事情で取引解消になったのか。

　自行の取引が付合い程度で親密さも低い取引の場合、貸出先から得られる情報は、主力行・準主力行より劣ります。その場合、金融機関別取引一覧表で毎月の他行残高を資金使途別に把握できれば、数字の変化から当該行の貸出姿勢を読み取ることができます。他行の数字の動きを見ることで、自行だけでは見えない何かに気づくことがあります。

　債権管理は動態的に情報を得ることが重要なポイントです。過去の静態的情報からいまの債権管理に役立つ情報は得られません。他行貸出を資金使途

別に毎月ヒアリングすることと、決算書をもらってから、過去数年の期末時点の残高推移を見ることと、どちらが有効かはだれが見ても明らかだと思います。

4 他行被肩代り

場面 62　大草君は要注意先であるGH家具製造を担当しています。過去の設備投資が失敗し、売上げも減少傾向にあり、資金繰りが悪化。今般、10百万円の運転資金（売上代金回収までのつなぎ資金）の借入申出があり、対応策について支店長のところへ相談にきました。

支店長：直近の決算はどうですか。
大草君：売上げが2億円減少しているのに、売掛金が40百万円増加して、粉飾決算だと思います。
支店長：それで今度の借入申出というのは……。
大草君：顧客からの注文書のコピーをもってきて、入金見込みがあるから貸してほしいと……。
支店長：注文書のコピーじゃダメだな。その注文に基づき発行した同社の納入書・請求書ならまだ検討の余地があるが。金額だって本物かどうかわからない。注文書の日付は見たか。すでに入金されていないか。
大草君：決算は粉飾ではないかと考えられる部分があるし、資金繰りについて質問しても納得する答えは返ってこないんですよ。売掛金の増加が不自然だから質問しても、「売掛金増加の要因に特別なものはない。分析する必要もない」と言うだけなんです。

支店長：非常識な対応だな。正直に言えない状況に陥っているようだな。ところで、現在の与信引当状況はどうなっている？

大草君：当行の取引順位は3位（下から2番目）で、貸出は90百万円、内マル保は20百万円。引当は保証協会20百万円、不動産取り分30百万円、それに定期預金10百万円ですから、既存貸出は30百万円が裸です。

支店長：まずは経営実態について情報開示を求めたいが、先方がそういう態度であるなら、こちらも強く攻めようじゃないか。大草君、本件に応じる条件は、既存与信を含めて担保フルカバーでないと貸出は無理と言ってきなさい。そのとき、もう一度、決算の粉飾と見られる点を問い質し、売掛金の増加要因を聞いてほしい。正直に情報開示に応じないとき、既存貸出は期日に返済してもらうと、強気に出てかまわない。

大草君：はい、わかりました。

──大草君の訪問に対して情報開示はされず。

数日後、

大草君：支店長、GH家具製造の経理部長から電話がありました。丙銀行が当行借入を全面的に肩代わりすることになったと。当行から申し入れた追加担保はむずかしく、社長の定期預金の担保差入れも無理と言ってきました。

支店長：仕方ないな。粉飾が疑われる決算内容を説明しない相手に、裸与信を増やすわけにはいかない。全額被肩代りで結構だ……と答えなさい。

（後日談）全額被肩代りの後、1年経たずしてGH家具製造は倒産しました。

この〈場面62〉の要点を整理してみます。

① GH家具製造は過去の設備投資が失敗し、売上げも減少傾向にあ

第5章　事務管理と債権管理の重要性　269

り、資金繰りが悪化しているなか、担当の大草君に10百万円の借入申出があり、大草君は支店長へ相談しました。

② 借入申出は、注文書のコピーを見せ、その代金が入ってくるまでのつなぎ資金というものですが、信頼できません。

③ GH家具製造の決算書は粉飾が疑われるので、大草君が売掛金増加理由を尋ねても説明に応じません。

④ 支店長は、情報開示を前提に、既存与信を含めて全額担保フルカバーになるならば検討してもよいという交渉スタンスを大草君に伝えました。

⑤ しかし、GH家具製造は情報開示に応じず、追加担保も無理として、後日、丙銀行が当行貸出を全額肩代りするという連絡がありました。

⑥ 支店長は、"粉飾が疑われる決算内容を説明しない相手に、裸与信を増やすわけにはいかない"として全額被肩代りに応じる結論を出しました。

講義のポイント

(1) 前章第3節7で他行肩代りについて書きました。資金需要が乏しいなか、貸出を伸ばす方策として他行貸出を肩代りする話でしたが、今回は「他行被肩代り」——「被」という字が入っています。すなわち、自行の貸出を他行に肩代わってもらう意味です。もちろん、優良貸出先の取引をもっていかれては大変です。「他行被肩代り」の対象は、要注意先や破綻懸念先です。たとえば、トランプのババ抜きのゲームで、他行が当行のババ（問題先貸出）を引いてくれる様と同じです。

「他行被肩代り」とは聞きなれない言葉かもしれませんが、筆者は現役支店長のとき、このやり方で不良債権および不良債権予備軍の貸出を減らしました。「他行被肩代り」により貸出取引が解消された貸出先が、その後1年以内に倒産したケースもあります。「他行被肩代り」により、貸出先の倒産

による当方の被害・損失はゼロで、それは結果的に肩代りした銀行に付け替えられたかたちになりました。

　当方が、貸出取引を解消してもかまわない、むしろそうしたいと思っている先にでも、「貸したい」という銀行が現れます。数字至上主義で目標達成に異常な意欲をもっている銀行は、当方が「ババ」という認識の取引である経営実態を知ってか知らずか、肩代りしてくれるのですから、ありがたかったです。数字だけで評価される銀行の担当者は、ババを引いたとは思っていないで「他行肩代りに成功」と行内では成果をアピールしているのかもしれません。

(2)　貸出業務において、要注意先や破綻懸念先に対する対応にはむずかしい面があります。追加で入れられる担保はなく、逆に追加融資をしなければ資金繰り破綻するという綱渡りの状況は、むずかしい債権管理が要求されます。その対応策の一つとして「他行被肩代り」があります。もちろん「他行被肩代り」が可能な取引は、貸出先との関係が下位付合取引である場合に限られると思います。

　「他行被肩代り」は、当行貸出は解消してもよいという取引方針であることが前提になります。そして、貸出先には「これ以上この銀行と取引を継続するのは無理（あるいは嫌だ）」と思い込ませるような状況と雰囲気を徐々につくっていくことが大事です。貸出取引は期限の利益を与えていますから、貸出期限の前に返済を求めることはできません。

　上記場面において、売上げ減少するなか、売掛金の不自然な増加理由を質問しても、「売掛金増加の要因に特別なものはない。分析する必要もない」と開き直った態度を示すことは、正直に答えられない、答えたくないということです。また、倒産リスクが高まったので、手形書換は従来の6カ月サイトを3カ月に短縮し、金利を上げる……という、理に適った対応をすると、「これ以上この銀行と取引を継続するのは無理（あるいは嫌だ）」と思うようになってきます。

　しかし、肩代りしたいという銀行が現れない場合、「他行被肩代り」はで

きません。自行貸出債権として、引き続き真剣に実態把握を行い、債権保全を図る努力を続けなければいけません。

(3) 筆者がある講演で「他行被肩代り」について話したところ、「逃げ足が速い」と批判されました。この行為は、貸出先に対して卑怯であり、ずるい（悪賢い）やり方だと言われました。そうでしょうか。筆者はそうは思いません。

銀行は、預金者から預かった預金の運用として貸出業務を行っています。「他行被肩代り」は、貸倒れ損失を未然に防ぎ、回避する方法です。それは銀行法の目的である「預金者の保護」に相当し、健全経営に資する行動であると考えます。そこで次のように話しました。「逃げ足が速いと言われることは、債権管理をしっかり行い、債権保全意識が高いという褒め言葉として受けとめます」と。

5 訪問頻度の管理

場面 63 福田君は、△△自動車系列のIJ自動車販売を担当していますが、最近4カ月間、同社を訪問していません。

支店長：福田君、IJ自動車販売の業績はどうだ。
福田君：まずまずだと思います。
支店長：まずまずとはどういうことだ。
福田君：売上げはそこそこ……、昨年と同じくらいかと思います。
支店長：福田君ね、今日の昼、商工会議所の集まりがあって行ったら、IJ自動車販売の社長と会った。社長は売上げが前年より悪いと嘆いていたぞ。君もずいぶんと訪問していないようだな。社長が、「福田君は最近来ませんが転勤したのでしょうか」と聞かれた

ぞ。どれくらい行っていないんだ。
福田君：すみません。3カ月は行っていないと思います。
支店長：そんなに行っていないの、なぜ行かないの？
福田君：理由は特にありません。
支店長：私に謝ることじゃない。IJ自動車販売は主力先だろ。主力先に対する訪問を怠って他行に取引をとられたらどうする。主力だから大丈夫だと思っていたら大間違いだぞ。丙銀行がよく来るようになったと、社長が言っていた。
福田君：えっ、本当ですか。まずいな……。
支店長：何かまずいことがあるのか。
福田君：いえ、特にありません。正直に申し上げますと、あそこの社長は細かいしうるさいし、怒ると怖いんですよ。
支店長：悪いことをしなければ怒られることもないだろ。しばらく行っていないので、久し振りに行くと怒られるかもしれないな。うるさいから、細かいからということで訪問しないのはダメだ。貸出担当者が好き嫌いを言ってはいけない。IJ自動車販売に明日にでも行ってこい。
福田君：はい、そうします。

　この〈場面63〉の要点を整理してみます。
　①　支店長が商工会議所の集まりに行き、IJ自動車販売の社長と会ったとき、社長から、「（担当の）福田君は最近来ませんが転勤したのか」と聞かれました。
　②　支店に戻って福田君を呼び聞いたところ、3カ月以上も訪問していなという返事でした。
　③　社長は売上げが前年より悪いと嘆いていたにもかかわらず、福田君は同社の最近の売上状況を知りませんでした。
　④　主力先でありながら訪問を怠っていた福田君に、支店長は明日にで

第5章　事務管理と債権管理の重要性　273

も行ってこいと言いました。

講義のポイント

(1) 貸出先の債権管理を考えるとき、重要なことの一つが貸出先への訪問です。まずは貸出先へ行くことが大事です。もちろん、御用聞きに行くとか、世間話をするために行くのでは時間の無駄であり、訪問の目的をもって行くことが重要です。

ただし、担当する貸出先全社に対し同じように訪問する必要性はありません。まずやるべきことは、1社ごとに訪問頻度の目安を決めることです。1カ月に1回の訪問でよい先、1カ月に2回程度、1週間に1回の先、1週間に2回以上訪問する先……と決め、訪問頻度管理表をつくります。上段横軸に日にち（1～31日）を書き、左側縦軸に貸出先名を上から訪問頻度の高い先から順に書きます。そして、月初に訪問予定を書き込み、訪問実績をチェックします。

訪問頻度を決めるとき、親密さだけでなく、業績把握が重要となる要注意先やシェアアップ先の訪問回数は多くしたほうがよいと思います。

(2) 訪問することの意味を考えなくてはいけません。一つは、自分の目で見る、耳で聞く、肌で感じる印象などを大事にすることです。支店の机に向かって、決算書を見ていてもわからないことがそこにはあります。

本社訪問や工場見学で何を見て、何を聞くかについては、第3章第5節で書きましたので、そちらを参照してください。

訪問するとき、社長・役員・経理部長との面談の機会は大事にしてください。そのときの話題としては、決算内容・業績見通し・業界動向・会社経営の問題点（仕入、販売、製造、流通等）・他行動向・会社の将来（上場計画・後継者等）など、いろいろな情報を聞き出すことが大事です。そのためにも、担当者自らが、会社経営に関する必要知識（財務・税務・労務・経済・法律等）を勉強するとともに、業界に関する知識をもって面談に応じる姿勢が重要です。「私は何も知りませんから教えてください」ということではダメです。

貸出先は、銀行・担当者との面談によって（＝時間を割いて）、事業経営に役立つ有益な情報を得ること、付加価値あるヒントやアドバイスを期待しています。

あとがき

　全国の多くの銀行において、貸出業務を遂行する人材のレベルは低下していると思います。筆者が指摘するこの不都合な真実について、銀行の経営者・役員は真っ向から否定できるでしょうか。また、現場で貸出業務に携わっている当事者としての支店長・管理職者は反論できるでしょうか。否定・反論できるならば、自分自身が貸出業務に必要かつ十分な知識と正しい考え方をもっていることに自信があることを宣言し、部下・後輩に対して真っ当な貸出業務を教育指導している事実を示さなければいけません。

　銀行の貸出業務は、銀行の収益を稼ぐ柱であるだけでなく、国民経済的に非常に重要な役割をもっているはずです。ところが、多くの銀行で行われている貸出業務は、その業務の本質を忘れ、顧客第一の精神を忘れ、銀行都合を優先する動き方をしているように思います。貸出担当者は、担当する企業に対して事業運営上必要となる資金を貸出することを中心に、事業経営に資する付加価値・情報提供を行う役目を担っているはずです。しかしながら、実際に行われている貸出業務は、成果主義のもとで収益稼ぎと目標達成のために銀行自身が満足する行動のように感じます。銀行が半期ごとに掲げる数的目標を達成して自己満足しても、貸出先の満足に必ずしもつながっていないことを貸出担当者は知らなければいけません。これを感じていないのは、真っ当な貸出業務を遂行する人材育成が行われていないからです。

　銀行の経営者は、「銀行の財産は人材」と言います。しかし、その人材は数字的成果で管理される対象であるものの、財産といえる"人づくり"について明確な目標と具体的な手法を示すことをしてきませんでした。業績評価体系のなかで競わせ、そのなかから"それなりの人材"が育ってくるのを待っているだけの姿勢しか見えません。そこにある経営方針は、「即戦力化」「競争力の向上」であり、数多くの採用者のなかから一握りの人材が頭角を現すことになれば"それでよし"と思っているように思えます。

また、経営者は、貸出業務に関する人材育成は研修と現場OJTにあると言いながら、その具体的活動にコミットすることはなく、結果について評論家的コメントを発するばかりであるのが実態ではないでしょうか。ここには、人材育成より業績優先する経営姿勢を感じます。

　上述した経営体制の姿勢が現場に影響を及ぼし、現場では貸出業務の担当者育成を図る具体的活動はほとんど見られません。その理由として次の３点が考えられます。一つは、経営陣から「OJTが重要」というスローガンは掲げられるが、その具体的な目標と手法が示されないこと。二つ目は、現場の意識は、人材育成より目標数値（＝業績）の達成に重点を置いていること。三つ目は、ほとんど多くの現場には人材育成を担える能力をもつ者がいないということです。その結果、現場におけるOJTは"名ばかり"というのが実態です。

　さらに困ったことに、現場では業績をあげるために、正しくない考え方や恥ずかしい行為が行われている事実があります。経営陣はコンプライアンスが大事であると言いながら、知ってか知らずか、数字的実績を確保するために行われている「清濁併せ呑む」行為を容認しているようにも見えます。そのような行為をやらされていることに疑問をもつ若手行員は数多くいます。新鮮でピュアな気持ちをもつ若手行員は、そのことに疑問をもちながらも、「銀行の常識」「現場の慣習」という上司の指示に困惑し、組織のなかで悩んでいます。

　貸出業務におけるOJTは、「顧客第一」「顧客満足」を真に実践し、貸出先から信頼と信用を得ることを基本とし、正しい考え方と誠実な行動を伝授しなければいけません。その根本は"人間として恥ずかしくない行為"であると考えます。ところが、現場の実態は、「顧客第一」と言いながら「銀行第一」、「顧客満足」と言いながら「銀行満足」で数字を上げることに眼目が行っているようです。そうであるならば、そのような考え方の支店長・管理職者のもとでOJTは行わないほうがマシです。

　貸出業務に携わる人材の育成は、組織的かつ戦略的に取り組むべき経営活

動であるという認識を、経営トップから現場の支店長・管理職までが本気で強くもつことが大事です。現場におけるOJTが重要な役割を果たすということを全員が理解しなければいけません。

　現場におけるOJTについて議論するとき、「業績優先」「時間がない」、また「それは人事・研修の仕事」と言う人がいます。そこには、人材育成の問題を考えるとき、「学習」と「教育」に関する認識のズレがあります。すなわち、個人が主体的に自己啓発で知識を学ぶこと（学習）と、学習したことを仕事上に実現させ、生かすために支援すること（教育）を分けて考えるべきです。現場におけるOJTは「教育」による人材育成です。現場は学校ではありません。先生（上司・先輩）が知識を教える場ではありません。それは個人が主体的に学習して身につけなければいけません。

　貸出業務のOJTのねらいと目的は、主体的に学習した者に対して、日常的・継続的な仕事を通して、学習効果の生かし方・考え方等を効果的に実現させる支援を行うことと考えるべきと思います。人材育成の問題を考えるとき、「学習」と「教育」を混同してはいけません。

　次に、「業績優先」「時間がない」という支店長・管理職者は、人材育成と業績推進を別項目にして分けている考え方を改める必要があります。人材育成が業績推進につながると認識すれば、業績推進のためにも人材育成を行う必要性に気づくはずです。若手の成長は現場のチーム総合力のアップになり、業績向上に資するという視点をもたなくてはいけません。

　さて、現場における貸出業務のOJTを真っ当なかたちに変えなければ、銀行はますます経済社会・貸出先から信頼と信用を失っていきます。真っ当な貸出業務を遂行できない銀行の将来は、不良債権が増え、信頼と信用が失墜し、次世代の人材がいなくなるということになります。

　そこで、現場における貸出業務のOJTを効果ある教育体制につくり直すためにやるべきことは何かを考えなければいけません。その第一歩は、経営陣から現場の支店長・管理職者まですべての人が意識改革を行う必要があります。OJTを単に「人を育てる」といったあいまいな目標で語るのではなく、

「人材育成は知的生産性と数的業績の向上につながる」「明日の組織・チームの戦力アップにつながる」と認識し、すべての管理職者の必須テーマとして掲げることです。

ただし、現実を直視したとき、現場における貸出業務のOJTを真っ当なかたちにするためには、二つの問題を解決することが必要になると考えます。

一つは、人材育成を行う支店長・管理職者の再教育です。前述したように、業績アップのためとして正しくない考え方や恥ずかしい行為を正当化している支店長・管理職者に教育を任せられるかという問題です。この問題は、経営陣による幹部再教育、また人事対応が求められます。「清濁併せ呑む」「恥ずかしい行為」「行け行けドンドン」「コンプラ違反」で業績づくりをする支店長・管理職者のもとで真っ当な人材は育ちません。「悪貨が良貨を駆逐する」ように、「真っ当ではない人が昇進する」など組織が腐ってきます。

二つ目は、業績評価と同じように、人材育成の成果を評価する仕組みをつくることも大事になると思います。人材育成に関して定性的な具体的目標設定を行い、評価する仕組みです。銀行取引約定書を説明できる、粉飾決算を見抜くことができる、あるいは試験制度で知識レベルをチェックする等は考えられないでしょうか。数的業績目標における新人の実績が占める割合を数値化して評価するという工夫も考えられます。

筆者は、貸出担当者の育成は、現場におけるOJTの実践なくしてできないと考えています。そこで今般、貸出業務に関するOJTの入門書をつくりました。本書の特徴は、現場で実際に起こりうる場面を想定し、支店長と担当者の会話のかたちにして、それに解説を加えました。貸出業務の知識を増やすというより、真っ当な考え方を伝授する会話と解説になっています。

本書で登場する支店長の発言と〈講義のポイント〉は、上述した支店長の再教育という点を心がけて書いたつもりです。現場の支店長には、本書に記した筆者の考え方に必ずしも賛成できないという人がいるかと思います。その場合は、筆者意見＝本書の内容を否定する前に、複数名による議論を行っ

てほしいと思います。筆者は、自分の考え方が絶対的に正しいとは思いませんが、反対する現場の意見にも素直に耳を傾けたいと思っています。そのことで筆者自身はこれからも学び、本書をよりよいかたちに発展させていくことができれば幸甚に思います。

　ぜひ、現場で本書を活用して、貸出業務のOJTを実践していただきたいと願っています。

〔著者略歴〕

吉田　重雄（よしだ　しげお）

1950年東京生まれ。
1973年早稲田大学政治経済学部卒業、同年三菱銀行入行。板橋支店長、融資第一部次長、融資第二部次長、仙台支店長、秋葉原支店長を経て、2001年6月東京三菱銀行を退職。現在は株式会社日本国債清算機関で常勤監査役を務める。
著書に『事例に学ぶ貸出判断の勘所』『事例に学ぶ貸出先実態把握の勘所』『事例に学ぶ貸出担当者育成の勘所』『貸出業務の王道』『貸出業務の信質（しんしつ）』（以上、金融財政事情研究会）がある。

事例に学ぶ　貸出の基本を教えるOJTの勘所
――対話形式で学ぶ"判断・事務・管理"の63シーン

平成25年9月5日　第1刷発行

　　　　　　　　　著　者　吉　田　重　雄
　　　　　　　　　発行者　倉　田　　　勲
　　　　　　　　　印刷所　株式会社日本制作センター

〒160-8520　東京都新宿区南元町19
発　行　所　一般社団法人 金融財政事情研究会
　　　　編集部　TEL03（3355）2251　FAX03（3357）7416
販　　売　株式会社きんざい
　　　　販売受付　TEL03（3358）2891　FAX03（3358）0037
　　　　URL http://www.kinzai.jp/

・本書の内容の一部あるいは全部を無断で複写・複製・転訳載すること、および磁気または光記録媒体、コンピュータネットワーク上等へ入力することは、法律で認められた場合を除き、著作者および出版社の権利の侵害となります。
・落丁・乱丁本はお取替えいたします。定価はカバーに表示してあります。

ISBN978-4-322-12363-0

好評図書

事例に学ぶ 苦情・クレーム対応の勘所
―初動対応のポイントと金融ADR
香月　裕爾［監修］炭本　典生［著］ A5判・340頁・定価2,520円（税込⑤）

事例に学ぶ 倒産予知の勘所
―与信管理の強化と粉飾決算の発見
岩渕　真一［著］ A5判・204頁・定価2,310円（税込⑤）

事例に学ぶ 貸出担当者育成の勘所
―貸出業務の本質とOJTによる人材育成
吉田　重雄［著］ A5判・280頁・定価2,730円（税込⑤）

事例に学ぶ 決算分析の勘所
―融資担当者のための決算書読解・資金分析術
井口　秀昭［著］ A5判・196頁・定価2,100円（税込⑤）

事例に学ぶ 貸出先実態把握の勘所
―「取引先概要表」の作成と財務・実体面の動態把握
吉田　重雄［著］ A5判・256頁・定価2,310円（税込⑤）

事例に学ぶ 再生EXITの勘所
―ステークホルダー・マネジメントの要諦
奥　総一郎［著］ A5判・244頁・定価2,730円（税込⑤）

事例に学ぶ 貸出判断の勘所
―資金使途の検証にみる「貸出の王道」
吉田　重雄［著］ A5判・196頁・定価2,100円（税込⑤）

事例に学ぶ 法人営業の勘所
―ソリューション営業の極意
澁谷　耕一・滝川　秀則［著］ A5判・208頁・定価2,310円（税込⑤）

事例に学ぶ 債権保全の勘所
―キャッシュフローを通じた債権管理
穂刈　俊彦［著］ A5判・216頁・定価2,310円（税込⑤）